Collection

Société, cultures et santé

Collection dirigée par Francine Saillant

Cette collection propose des ouvrages portant sur divers thèmes associés au large domaine de la santé, en mettant en valeur les apports des sciences sociales, en particulier de l'anthropologie, de la sociologie, de l'histoire et des sciences politiques. L'histoire et la transformation des systèmes de santé au Québec et en Occident et leurs enjeux, les systèmes de médecine traditionnelle, les mouvements sociaux et des droits des usagers, les professionnels, les questions éthiques et politiques, les problèmes particuliers des pays du Tiers-Monde sont autant de questions sur lesquelles cette collection s'ouvrira. Notre souhait est de permettre la compréhension des expériences individuelles et collectives liées à la santé et à la maladie, les cadres de gestion offerts aux populations aussi bien que les modèles de soins et d'accompagnement qui rejoignent les individus, tout cela dans leurs particularités et leur diversité.

# La communauté au miroir de l'État

## La notion de communauté dans les énoncés québécois de politiques publiques en santé

Stéphane Vibert

# *La communauté au miroir de l'État*

## La notion de communauté dans les énoncés québécois de politiques publiques en santé

LES PRESSES DE L'UNIVERSITÉ LAVAL

*Les Presses de l'Université Laval reçoivent chaque année du Conseil des Arts du Canada et de la Société d'aide au développement des entreprises culturelles du Québec une aide financière pour l'ensemble de leur programme de publication.*

*Nous reconnaissons l'aide financière du gouvernement du Canada par l'entremise de son Programme d'aide au développement de l'industrie de l'édition (PADIÉ) pour nos activités d'édition.*

Conception de la couverture et mise en pages : Hélène Saillant

Dépôt légal, 3ᵉ trimestre 2007
ISBN : 978-2-7637-8552-3

www.pulaval.com

# Table des matières

# La communauté au miroir de l'État

## La notion de «communauté» dans les énoncés québécois de politiques publiques en santé et services sociaux[1]

Dans les sciences sociales contemporaines, et ce, depuis plus d'une trentaine d'années, la notion de «communauté» s'impose comme une catégorie à la fois indispensable et indéfinissable, capable à la fois d'incarner un recours (contre la technocratie bureaucratique et l'égoïsme moderne, comme en Amérique du Nord), un programme politique (en tant que concept paradigmatique de la «troisième voie» entre tout-État et tout-marché, dessinée en Grande-Bretagne par le premier ministre Blair et le sociologue Anthony Giddens) mais aussi un danger (synonyme de repli communautariste dans une France profondément imprégnée d'idéologie républicaine). *De facto*, «communauté» apparaît alors comme un terme générique pouvant être appliqué à toute forme d'union sociale, quels que soient les types de relations entretenues à l'interne – entre les membres de ce groupe – ou à l'externe – en tant qu'acteur collectif en rapport au monde l'environnant. C'est pourquoi les prédicats censés préciser la forme de la communauté semblent innombrables et hétéroclites, les plus courants désignant d'une part des réalités spatiales et géographiques (communauté locale, urbaine, rurale, nationale, européenne, internationale), d'autre part des

1. Cette étude a originellement été élaborée dans le cadre d'une recherche postdoctorale effectuée au sein du groupe TIERCES (Université Laval, Québec), dirigée par M^me la Professeur Francine SAILLANT. Cette dernière a en outre bien voulu accueillir cet ouvrage dans le cadre de la collection qu'elle dirige aux PUL: qu'elle trouve ici l'expression de ma gratitude pour son accueil et sa générosité, ainsi que son stimulant soutien intellectuel et amical durant deux années. Ce travail n'aurait pas été possible sans l'aide financière du groupe TIERCES et la contribution intellectuelle de ses membres (notamment Michèle Clément, Eric Gagnon, Marielle Tremblay, Aline Charles, Raymond Massé, Charles Gaucher et les nombreux étudiants du groupe), que je remercie pour les discussions animées. Il a également bénéficié d'un appréciable soutien financier de la part de la fondation Singer-Polignac (Paris) qui encourage et soutient depuis longtemps nombre de jeunes chercheurs en sciences sociales, de la Faculté des Sciences sociales de l'Université Laval et du CELAT (Université Laval). Cet ouvrage a été publié grâce à une subvention de la Fédération canadienne des sciences humaines, de concert avec le Programme d'aide à l'édition savante, dont les fonds proviennent du Conseil de recherches en sciences humaines du Canada.

caractérisations identitaires (communauté culturelle, ethnique, religieuse, scientifique, homosexuelle, etc.). Il faut également souligner, tout particulièrement pour le contexte québécois qui nous intéresse, l'emploi surabondant de l'adjectif «communautaire» appelé à qualifier un «secteur» – plutôt associatif en Europe quand il s'avère communautaire en Amérique du Nord – à la fois «sujet et objet de son propre développement» (Nélisse et autres, 1994: 8), mais spécifiant aussi des «actions» communautaires, des «organismes», des «groupes», un «milieu», etc. Le «communautaire» renverrait à cet égard essentiellement au non-étatique et au non-marchand, avec toute les ambiguïtés que cette répartition trop tranchée suppose, notamment à propos de l'intégration ou non de la sphère familiale et domestique dans ce «tiers secteur» (Godbout, 2000).

Censé sommairement renvoyer à un groupe de personnes «ayant quelque chose en commun», le signifiant «communauté» possède une multiplicité de signifiés prenant une importance croissante en tant que référence dans tous domaines de la vie sociale (public, privé, politique, économique, culturel, scientifique). Le mode d'existence de la forme «communauté», comme «idéologème» (Raulet et Vaysse, 1995: 7), c'est-à-dire un terme mobilisé par la pensée moderne pour se «réfléchir», prendre conscience d'elle-même et produire des discours nouveaux, serait marquée par le double sceau de l'évanescence et de l'équivocité (Larochelle, 1998), une équivocité qui se présente à la fois comme l'indice d'une déficience conceptuelle incontestable et comme la raison fondamentale d'une puissance symbolique tout aussi irrécusable. La polysémie du terme porte bien évidemment à confusion, mais elle résulte à la fois d'un contexte (le recul idéologique de l'État-Providence par la radicalisation d'un processus «individuo-universaliste» pour le dire vite, lequel distend les références et valeurs des acteurs locaux à l'infini des flux et réseaux globaux, tout en appelant à leur expression toujours plus authentique et singulière, individuellement et collectivement) et d'une histoire, sur laquelle il nous faut revenir.

Un bref retour sur la genèse historique de la notion de «communauté» démontre que celle-ci ne se définit pas, comme il est couramment pensé, seulement en opposition à la «société» comme conception moderne du lien social, mais de manière consubstantielle à son développement[2]. En effet, la plupart des dichotomies sociologiques historiquement élaborées (tant chez Tönnies, Weber, Durkheim, Redfield, Parsons hier que chez Dumont, Freitag ou Caillé aujourd'hui) ne dessinent pas un évolutionnisme simple, mais la coexistence des deux modes de socialité, à divers degrés interdépendants. Pour ainsi dire, les sciences sociales distinguent toujours la communauté, définie comme formée autour de liens «affectifs» ou des relations «primai-

---

2. Voir à ce sujet nos différents articles: Vibert 2000, 2002, 2004a, 2004b, 2005. Sur un plan plus philosophique, les ouvrages de Raulet et Vaysse (1995), de Nancy (1986) et d'Esposito (2000) le démontrent amplement.

res» (chez Tönnies, de façon paradigmatique : les relations du sang, du lieu et du lien, c'est-à-dire la parenté, le voisinage et l'amitié), de la société, forgée à partir de liens «volontaires» et déterminant une socialité «secondaire» (sur le modèle des rapports contractuels, fondés sur des intérêts ou des objectifs communs). Mais c'est sur la prééminence du premier terme – la communauté comme milieu moral – que ces théories de la société se construisent le plus souvent (lorsqu'elles n'abdiquent pas leur spécificité en faveur d'une théorie de l'acteur rationnel élargie), y voyant un aspect «universel» du vivre-ensemble primordial dans toutes les collectivités humaines, au-delà ou en deçà des relations plus «artificielles» construites par le marché ou l'État. Or, semble-t-il, c'est cet espace collectif de solidarité qui se trouverait toujours plus effectivement mis en danger par les avancées de l'individualisme, de l'atomisation sociale, du capitalisme, de l'urbanisation, etc. Ainsi, et cela ressort bien à travers ce travail monographique, la «communauté» n'est pas (ou pas seulement) une notion prémoderne ou antimoderne, mais surtout un opérateur logique essentiel de la manière dont la modernité se pense. «Communauté» et «modernité» ont été la plupart du temps des couples d'opposés sur un plan explicite, mais il n'a jamais été tant question de la communauté qu'au cours des périodes qui tentent d'appréhender et de maîtriser «leur» modernité, en s'interrogeant justement sur les formes de communautés dont elles sont capables et celles qui sont impossibles pour elles.

## BREF RETOUR HISTORIQUE SUR LE CONCEPT DE «COMMUNAUTÉ» DANS LES SCIENCES SOCIALES[3]

Jusqu'au XIXᵉ siècle, le terme de «communauté» n'existe pas dans la philosophie politique occidentale en tant que concept défini selon une compréhension et une extension spécifiques. Le mot latin *communitas* se présente comme l'une des traductions possibles du terme de *koinonia* chez Aristote, repris dans la tradition paulinienne de l'Église au même titre qu'*universitas, corpus, civitas* ou encore *societas* qui tous renvoyaient tant «à un corps juridiquement organisé qu'à une multitude, à une collectivité ne possédant aucune unité précise, que ce soit par composition ou juxtaposition» (Quillet, 1993 : 496). Le terme même de *koinonia* reste relativement flou chez Aristote, pouvant signifier de multiples relations sociales comme «les couples du mari et de la femme, du maître et de l'esclave, ainsi que dans la famille ou le village, mais aussi chez les compagnons d'armes, les membres d'une même

---

3. Ce paragraphe à propos de la genèse historique du concept et la question du communautarisme dans les débats contemporains constitue un résumé de l'analyse effectuée dans Vibert, 2004a.

tribu et, naturellement, dans la cité». (*ibid.*: 498) Héritière sur ce point
d'Aristote, la philosophie politique médiévale exprime par les traductions
latines de *koinonia* les diverses formes de socialisation des êtres humains, sur
une même échelle allant du fondement par l'accord volontaire (promesse,
contrat) aux formes considérées comme les plus «naturelles» d'union
sociale (foyer, village) (Honneth, 1996).

C'est seulement avec l'apparition du droit naturel moderne que vont
se dégager les prémices d'une distinction opératoire entre les regroupements «communautaires», (essentiellement la famille) et «contractualistes»
(comme les corporations), à mesure que la nature comme ordre englobant
perd progressivement son rôle explicatif de la socialisation humaine. L'opposition dichotomique entre communauté et société ne commence cependant à se dessiner véritablement qu'au XIXᵉ siècle, inspirée par la réaction
romantique de défiance envers la Révolution française et la philosophie du
droit naturel moderne qui la sous-tend. Face à l'État centralisateur, à l'individualisme égalitaire et au développement de l'économie capitaliste, conser-
vateurs (Burke, Bonald) et socialistes (Proudhon, Herzen) se rejoignent
dans une critique de l'atomisation sociale et trouvent dans la commune
rurale ou les corporations médiévales un modèle d'engagement «moral»,
caractérisé par des liens non utilitaires, affectifs et profonds. Ces liens dits
«communautaires» sont alors censés contrebalancer la progression des
relations contractualistes modernes, impersonnelles et anonymes, visant
essentiellement l'intérêt et l'utilité. Toute la philosophie politique et sociale
du XIXᵉ siècle, de Hegel à Marx en passant par Comte, Tocqueville, Le Play
ou les slavophiles russes (Vibert, 2000), s'évertue à penser les droits subjectifs naissants à l'aune de la nécessaire inscription sociale de l'être humain,
dans le but de concevoir une «société des individus» qui ne serait pas contradictoire dans les termes. Ainsi s'esquisse le mouvement général qui va caractériser la «communauté» non pas comme l'espérance passéiste d'une harmonie perdue à restaurer, mais comme une composante incontournable de
la dynamique moderne. La «communauté» vise en effet à préserver les
acquis de l'émancipation individuelle au cœur d'une solidarité collective
impérative et salutaire.

L'ouvrage de Ferdinand Tönnies, *Gemeinschaft und Gesellschaft*, publié
en 1887, concrétise cette évolution historique et installe la typologie
communauté-société en archétype du raisonnement sociologique (Tönnies,
1977). Certes, Tönnies continue à se référer aux structures sociales du passé
(civilisations primitives, Antiquité ou Moyen Âge). Il s'inspire notamment
des œuvres de Maine, Fustel de Coulanges et von Gierke (Nisbet, 1984) afin
d'étudier le passage du statut au contrat et la désintégration des «communautés» traditionnelles fermées. Son idée de «communauté» se situe dans
le droit fil des thèmes de l'École historique du droit, reposant sur «l'adhésion

unanime et pré-réflexive à des valeurs substantielles» (Raynaud, 1987 : 130), alors que sa notion de «société» se fonde sur une stricte individualisation des intérêts qui conduit à la recherche consciente du compromis ou de l'association volontaire, dans le prolongement de l'anthropologie hobbesienne (la société politique comme artefact), dont Tönnies est un spécialiste. Chacune des deux ères historiques, qui se succèdent, correspond à une organisation particulière de la vie sociale, sous-tendue par une description psychologisante des formes d'activités : la «volonté organique» (*Wesenwille*), régulant les comportements par le principe de plaisir, l'habitude et la mémoire, s'accorde à une économie familiale et agricole, dans un univers de coutume et de religion, tournée vers la répétition du passé ; *a contrario*, la «volonté réfléchie» (*Kürwille*), fondée sur la réflexion et le concept, favorise le développement du commerce et de l'industrie, dans une société organisée par le conventionnalisme politique et l'opinion publique.

Malgré ce modèle extrêmement dichotomique et évolutionniste, Tönnies – et il constituera en cela un auteur paradigmatique pour la compréhension de l'idée de «communauté» jusqu'aujourd'hui – n'élabore en aucun cas l'éloge nostalgique d'une concorde révolue. D'une part, la société naît «naturellement» de la communauté quand ses membres s'aperçoivent de leurs avantages propres, et d'autre part, la société moderne devra finir par dépasser les conflits nés de la division des intérêts égoïstes, afin de produire un «nouveau type d'unité, qui ne retourne pas à l'ordre spontané et non-réfléchi de la "communauté"» (*ibid.* : 131). D'où l'espoir en un «socialisme communautaire», qui pourrait lier les libertés individuelles dans une harmonie complémentaire, et la croyance que parvenue à son plein développement, la société se rapprochera de la communauté. L'hétérogénéité des formes sociales réunies sous le type *Gemeinschaft* (parenté, voisinage et amitié comme liens du sang, du lieu et de l'esprit) indique la prééminence de la communauté sur un plan spécifiquement «moral», au sens de l'imposition des valeurs collectives.

De la même manière, Durkheim, insistera, en marge de l'État atomisateur, sur le rôle des groupements professionnels ayant pour objet d'intégrer les individus dans des cadres sociaux ou des communautés dotées d'autorité morale. La solidarité organique succédant à la solidarité mécanique, l'intégration moderne par la division du travail mène à une pénurie de points communs entre les sujets moraux, et à l'avènement nécessaire de correctifs dits «sociologiques», quitte à passer par «un retour périodique des situations de fusion collective» (Honneth, 1996 : 273), moments d'unanimité émotionnelle de type «communautaire». Il est impossible ici de s'attarder sur les analyses ultérieures du processus de «communautarisation» chez Weber, ou sur les conceptualisations successives qui émergent dans l'école de Chicago ou les *community studies* américaines (voir Vibert,

2004b) : précisons néanmoins que la perspective sociologique d'une opposition des formes sociales communauté-société s'y enracine, quoique chaque fois appuyée sur des nuances théoriques particulières et des modalité diverses (par exemple à travers un phénomène d'acculturation) visant à surmonter la dichotomie analytique préalablement construite[4].

Il faut rappeler qu'à la suite de l'instrumentalisation du concept dans l'entre-deux-guerres en tant que leitmotiv doctrinal de mouvements antidémocratiques (sous couvert de communauté raciale ou communauté sociale de classe, «race auto-constituée» ou «humanité auto-travaillée» selon les termes de Jean-Luc Nancy à propos de l'immanentisme substantialiste délétère qui pousse les communautés au XXe siècle à se reposer sur un «donné», une «identité» : Nancy, 2000 : 4-5), la notion fut largement discréditée et disparut comme outil autre que superficiellement descriptif. C'est seulement à l'occasion de ces trente dernières années que la «communauté» fut reconvoquée et réinvestie dans les débats majeurs concernant l'évolution des sociétés modernes et l'orientation des politiques publiques.

## LA QUESTION DE LA «COMMUNAUTÉ» DANS LES DÉBATS CONTEMPORAINS

Par l'intermédiaire des théorisations sociologiques, l'idée de «communauté» a donc trouvé sa concrétisation au moment même où s'imposait la configuration socio-politique individualiste, avec l'émergence d'une «société civile» dépositaire du sens de l'histoire et de l'inscription essentielle des activités humaines par le travail. L'appartenance «communautaire» s'institue désormais comme le seul lieu effectif, non économique ou culturel mais «moral», permettant de faire le pont entre la société civile (règne du marché), et d'autre part l'État de droit (initié par contrat). Initialement portée par une critique romantique de l'atomisme libéral et du mécanisme capitaliste, la «communauté» prit ainsi la figure polysémique de toute union sociale forgée par l'histoire ou la volonté, édifiée sur des relations affectives plus puissantes que les simples rapports de droit.

Les termes «communautariste» et «communautarien» (traduisant l'anglais *communautarian*) sont apparus dans les années 1980 au cours des multiples discussions autour de l'ouvrage devenu classique de John Rawls, *Théorie de la justice*, paru initialement en 1971. En opposition aux écrits de Rawls, s'est formé un mouvement de pensée largement hétérogène, dont

---

4. Il aurait également fallu rappeler le rôle joué par la notion dans la théorisation de l'identité nationale, au sein de laquelle la polarité nationalisme civique/nationalisme ethnique n'est pas sans rapport avec la dichotomie communauté/société proposée par la sociologie. Pour une étude de ces questions, voir Vibert, 2004b et 2004c.

l'objectif était avant tout d'argumenter contre les présupposés de la théorie politique libérale américaine (également représentée par les travaux de Ronald Dworkin, Bruce Ackerman ou Robert Nozick), en associant philosophie morale et philosophie politique. L'orientation «communautariste» est définie par de Lara (1996) comme formée autour de deux options essentielles : 1) une conception de l'identité et des fins individuelles comprises à partir des diverses communautés (d'apprentissage, de pratiques, d'appartenance, d'allégeance) à l'intérieur desquelles elles prennent sens ; 2) une affirmation pour toute société de la priorité du bien (l'engagement du tout social pour la poursuite collective d'un bien particulier) sur le juste (les droits individuels, établis et défendables indépendamment de toute référence transcendante «globale»), au double sens d'un primat politique (les droits individuels ne sont pas «supérieurs» au bien commun) et d'une antériorité logique (les principes de justice qui spécifient ces droits doivent être obligatoirement fondés sur une conception particulière du bien). Le débat s'instaure donc essentiellement à partir de divergences théoriques «sociologiques», c'est-à-dire portant sur la relation entre «individu» et «social» (recouvrant ici aussi bien «communauté» que «société») : de Lara parle d'une «ontologie sociale» (une conception du sujet pratique), engageant par là même des oppositions plus étroitement «politiques» mais sans lien direct et mécanique (sous l'étiquette «communautarienne», on retrouve tant le social-démocrate Walzer que le conservateur anti-étatiste MacIntyre). L'opposition entre conceptions de l'individu en société se double d'une attention primitivement américano-centrée aux conséquences du démantèlement de l'État-Providence, aux revendications exacerbées de «droits» individuels et collectifs, et corrélativement à cette dernière tendance, à l'émergence de la problématique «multiculturaliste» et aux demandes de reconnaissance venues de diverses «minorités» (ethniques, religieuses, sexuelles).

La réémergence de l'idée de communauté sous l'expression actuelle du communautarisme ou du multiculturalisme naît, paradoxalement de prime abord, d'une radicalisation du procès d'individualisation inhérent à la modernité. Car s'il est toujours question de s'opposer à la figure d'un Moi atomisé et délié de toute appartenance, le communautarisme majoritaire se réclame pour autant d'une avancée du libéralisme, le plus souvent explicitement, s'interdisant de légitimer toute identité qui ne respecte pas les droits individuels, notamment l'égalité et la liberté (Kymlicka, 2000 : 142). Car nous vivons bien «une nouvelle étape de la dynamique démocratique qui inclut désormais dans l'exigence égalitaire des attentes fortes en matière de reconnaissance publique des identités collectives, notamment d'ordre culturel» (Mesure et Renaut, 1999 : 56). Et ces «identités collectives», par exemple aux États-Unis, revêtent l'apparence de communautés pour le moins hétéroclites dans les écrits communautariens : communautés ethniques

(Latino-Américains), «raciales» (Afro-Américains ou Asiatiques), culturelles (Italiens ou Polonais), religieuses (fondamentalistes chrétiens, musul-
mans ou juifs), sexuelles (homosexuels) ou sociales (syndicats). Les «demandes et attentes culturelles» communautaires sont censées émerger «en
provenance de groupes extrêmement diversifiés, puisque pouvant être définis en termes religieux, ethniques, raciaux, historiques, d'origine nationale,
de genre, de handicap physique ou de grave maladie, etc.» (Wieviorka,
1998: 248). Dans son opposition tant envers le Moi délié et utilitariste
qu'envers la collectivité traditionnelle et inégalitaire, la «communauté des
modernes» s'efforce de conserver le meilleur des deux mondes respectifs:
l'émancipation égalitaire et la solidarité d'appartenance. Mais le «communautarisme» a contribué à faire resurgir les interrogations sur les formes de
communauté nécessaires à l'épanouissement du sujet moderne. La notion
même de «multiculturalisme» recèle en effet, y compris pour bon nombre
de ses partisans, un danger de communautarisme tribal et inégalitaire
comme valorisation d'«affirmations identitaires plus ou moins ramenées à
une essence»: «en reconnaissant des identités, en effet, une politique multiculturaliste risque non seulement d'être inopérante, mais aussi d'aboutir au
contraire de ses objectifs, figeant, par la reconnaissance, ce qui sinon serait
changement et transformation, poussant à la reproduction de ce qui est production et invention, et ce au seul profit de certains éléments au sein du
groupe considéré» (Wieviorka, 1998: 256).

## LES «COMMUNAUTÉS» AU QUÉBEC

Au Québec, les années 1970 ont été le théâtre d'un imaginaire social
nourrissant l'espoir de bâtir des réseaux parallèles de socialité, en rupture
avec le mode de production capitaliste d'une part et l'interventionnisme
technocratique d'autre part. S'ils étaient loin d'émerger d'une *tabula rasa*
(puisqu'en continuité structurelle autant qu'en rupture idéologique avec la
profusion des groupes d'inspiration catholique nourris par le maillage pa-
roissial patiemment tissé par l'Église en tant qu'institution «nationale» des
Canadiens français), les «groupes populaires» se sont multipliés, soutenus
par la visée de pratiques émancipatoires rassemblées sous le terme générique d'«autogestion»: coopératives d'habitation, garderies, radios locales,
groupes de défense revendiquant des droits universels à partir de besoins
localisés (assistés sociaux, chômeurs, locataires, personnes handicapées, retraités, etc.). Les groupes communautaires de cette mouvance ont été initialement fondés pour contester les méfaits du capitalisme et l'emprise technocratique. Le développement du mouvement communautaire contemporain
a par exemple été décrit par Larochelle (1998) pour le cas du Québec selon

trois phases, phases différentes qui soulignent les ruptures successives concernant ses relations avec l'État tout en préservant la continuité d'un engagement fondé sur les valeurs d'entraide et de solidarité. Une première phase évoque la transformation des comités de citoyens en groupes populaires qui entreprennent de canaliser la participation de la population au cours des années 1960, alors que la construction d'un État social démocratique entretient encore l'espoir d'un affranchissement des couches marginalisées de la société par l'intégration et l'implication citoyennes. Les années 1970 voient s'accomplir une deuxième phase, durant laquelle devenus «mouvements sociaux», les groupes communautaires se font contestataires de l'État, jugé par trop tentaculaire et représentant d'un ordre politico-économique bourgeois détesté. Sont dénoncés l'autoritarisme et l'ingérence de la bureaucratie dans le champ social, alors que la «vogue» ostensible des notions d'autogestion et de développement local accompagne paradoxalement une progressive et continue amélioration de l'accès universel aux services d'État. Enfin, à partir des années 1980, fruit de la reprise par l'État de nombreux projets nés de l'idéologie «participationniste», on assiste à une institutionnalisation de l'action communautaire, notamment autour de la notion de partenariat et des tables de concertation qui rassemblent divers acteurs du formel et de l'informel impliqués dans une même problématique sociale. Ce «nouveau contrat social» censé relayer l'impératif de maintien de la cohésion collective après la déchéance du caractère providentiel de l'État, est notamment accusé par ses détracteurs de sous-traitance concernant le travail des organismes communautaires, les conditions de leur financement public ou encore leur organisation interne qui fait place à la professionnalisation et à l'évaluation extérieure.

Dans ce contexte, le concept de «communauté» possède une force peu commune d'imprégnation, de qualification et d'instrumentalisation justement à cause de son caractère hautement protéiforme et équivoque. Il apparaît donc important de le mettre en rapport avec le discours de l'État, depuis l'État et sur l'État, car la communauté contemporaine ne prend son essor que sur un espace symboliquement habité essentiellement par l'État comme forme de bien commun. Il s'agit de lier un certain désengagement de l'État – reste à cerner de quelle nature – et l'élaboration d'un discours légitimant la promulgation d'une éthique diffuse de la «communauté», à partir d'inculcation de certaines valeurs. Nombre d'auteurs[5] ayant étudié la transformation des mouvements sociaux, organismes communautaires ou groupes populaires depuis la Révolution tranquille au Québec notent que la relation entre ce tiers secteur et l'État a toujours été l'objet principal d'interrogation, le critère fondamental pour s'assurer d'une identité propre au sein de la société. Car, d'une part il est évident que les prétentions du tiers secteur à l'autonomie théorique, à la promotion de pratiques d'avant-garde

---

5. Par exemple, outre Larochelle (1998) : Godbout (1983), Godbout et autres (1987), Lamoureux et Lesemann (1987), Fortin (1994), Favreau (1998) et Caillouette (2001).

et de critiques du professionnalisme déshumanisant, à la gestion du lien social quotidien, à la mise au premier plan de problématiques minoritaires se joue en grande partie contre la figure tutélaire de l'État. Mais, d'autre part, il est tout aussi évident que le tiers secteur ne peut se présenter comme association libre et volontaire, assise sur les principes du don et du bénévolat, uniquement parce qu'un État-Providence a délié les individus des attaches concrètes et contraignantes qui les arrimaient à un univers de valeurs morales traditionnelles. C'est dans ce double mouvement que se manifeste la vocation historique de la référence à la « communauté » : incarner la solidarité, l'entraide, la responsabilité, la connaissance empathique dans un monde idéologiquement centré autour de l'indépendance rationnelle de l'être humain.

Ce travail entreprend d'interroger la manière dont le discours de l'État se devait de récupérer, de consolider et d'entretenir la problématique communautaire, notamment au vu des transformations de sa nature ces dernières années. Car les « communautés » modernes, qui semblent de plus en plus incarner une façon de comprendre et d'organiser le monde social pour les citoyens, se trouvent également être un mot d'ordre, un slogan ou un recours pour de nombreuses politiques publiques. C'est le cas évidemment au Québec, mais il faut citer également le cas archétypal de la « troisième voie » anglaise par exemple, que le premier ministre travailliste Tony Blair élabore grâce aux idées d'Anthony Giddens (1998)[6], explicitement appuyée sur la notion de « communauté » entre l'État et le marché. L'antinomie analytique des deux formes de Tönnies (*Gemeinschaft* pour les relations locales, affectives et familiales fondées sur le sentiment, et *Gesellschaft* pour les liens individualistes, contractuels et la recherche d'intérêts communs) s'est défaite progressivement afin de réintroduire la puissance de la première – la solidarité communautaire – au sein même de l'évolution vers la seconde – l'autonomie individuelle –, dans l'espoir d'une synthèse réconciliatrice entre liberté et appartenance. Et cette espérance communautaire s'exprime aujourd'hui non seulement dans les travaux des sciences sociales, mais également dans la représentation que l'État se fait de l'activité des groupes et de l'aménagement des quartiers au sein de la société, en vue de contrer les méfaits de l'atomisation, de l'égoïsme, de l'aliénation ou de la désaffiliation (en rapport avec « la crise de l'État-Providence »). L'ambiguïté actuelle du terme « communauté » et son emploi hyperbolique révèlent à la fois sa qualité d'idée-valeur centrale du temps, comme source de perception, de jugement, de norme et d'action, mais également ses capacités d'instrumentalisation exponentielles.

6. Il faut d'ailleurs signaler que si s'impose progressivement une perspective de partenariat/complémentarité entre État et société civile, avec l'accent mis sur la désinstitutionnalisation, la « prise en charge par le milieu », et la responsabilisation, c'est en partie sous l'influence du Rapport Barclay (1982), venu d'Angleterre, et insistant sur la « communauté » comme principal fournisseur d'aides et de services pour des groupes en difficulté. Voir sur ce sujet Lamoureux et Lesemann (1987).

## PROBLÉMATIQUE, MÉTHODOLOGIE ET CORPUS DE L'ÉTUDE

Cet ouvrage s'appuie sur l'étude de certains documents officiels chargés d'orienter et de rendre compte des politiques publiques, notamment dans le domaine de la santé et des services sociaux, au Québec entre 1970 et 2003. Il s'agit ainsi d'envisager de manière diachronique l'évolution de la manière dont la «communauté» est le plus souvent appréhendée, recherchée, encensée, afin d'être reversée ensuite comme un «fait», quasi-naturalisé, dans la réalité empirique. En aucun cas cet ouvrage n'a la prétention de retracer une «histoire des idées au Québec» à travers la notion particulière de communauté. Il s'évertue plutôt à mettre en lumière les différentes conceptions de la communauté qui parcourent l'auto-compréhension de la modernité politique, et ce, par l'intermédiaire du discours de la puissance publique à son égard, qui tel un miroir reflète et renvoie à la société civile l'image qu'elle donne d'elle-même, de ses avancées et de ses difficultés. Le Québec apparaît alors comme un lieu où l'expression de cette tension s'avère particulièrement vivace, entre construction par l'État d'une complétude institutionnelle (tant politique qu'économique, sociale et culturelle) sur une période extrêmement brève, d'une part, et mobilisation associative sur un mode réflexif lucide et nuancé quant à son rôle social, d'autre part. Et le domaine de la santé et des services sociaux se révèle exemplaire en ce sens qu'il représente une scène privilégiée de ce rapport entre la définition de la mission providentialiste de l'État moderne et les oppositions et revendications issues des différentes couches de la population.

A été donc adoptée une approche transversale et théorique, à partir de l'étude d'une trentaine de documents portant sur les services sociaux et les services de santé entre 1970 et aujourd'hui, dont l'un se situe volontairement en amont afin de constituer un point d'ancrage comparatif: la partie du rapport Castonguay portant sur la réorganisation des services sociaux. Une vingtaine de documents portent plus précisément sur des populations dites «vulnérables[7]»: les personnes en cours de désinstitutionnalisation (soit qu'elles connaissent des problèmes de santé mentale, soit qu'elles présentent des déficiences intellectuelles), les communautés culturelles et les personnes âgées. Pour ces groupes fragilisés, potentiellement exclus, le terme de «communauté» peut représenter à la fois un idéal valorisé et une construction artificielle de lien, c'est-à-dire une «communauté» évoquée à tout propos comme pour masquer par surinvestissement ce qui n'existe pas ou plus. Dans l'étude de chaque document toujours lu dans son intégralité devait être repéré tout emploi du terme «communauté» ou des vocables qui lui sont associés selon un «air de famille» (par la racine comme communautaire, communautarisation, mais aussi par le sens comme collectif, informel,

---

7. Voir tout particulièrement pour les difficultés liées à ce terme, Saillant (2004).

associatif, milieu, «naturel», etc.). Ainsi, pouvait être relevé le contexte de l'emploi du terme, l'acception de cet emploi, sa valorisation ou sa dévalorisation, la manière dont il s'intégrait à une démonstration, à une recommandation ou à une incitation, le caractère implicite des présupposés qu'il transportait, les notions auxquelles il s'opposait et qui donc contribuaient à asseoir sa propre signification.

Le choix du corpus théorique présente évidemment une part d'arbitraire. Il a été bâti autour de documents réputés comme importants, reconnus comme ayant engendré des conséquences effectives sur les politiques publiques en matière de services sociaux et de services de santé, ou ayant rendu compte d'évolutions majeures. Il est évident que, malgré ces précautions, certains textes marquants ont dû être laissés de côté. Par contre, ont été prises en considération les dates de parution des documents afin de fournir un corpus respectant un étalement régulier sur les vingt dernières années et de cerner au plus près les variations internes à un domaine d'études. Un autre aspect délicat de ce travail concerne sans doute l'hétérogénéité des documents choisis, puisque certains sont des orientations générales de politiques publiques, d'autres sont des avis consultatifs, d'autres encore des rapports d'évaluation, etc. Néanmoins, ce vaste panorama, qui possède l'avantage de son inconvénient, incite à relever une certaine convergence de vues à propos du thème considéré, ainsi qu'une intégration progressive des propositions effectuées par les sciences sociales au sein des discours des pouvoirs publics. Également, il aurait été souvent utile de marquer plus précisément le contexte global politico-social québécois et canadien qui fournit une toile de fond aux recherches menées, chaque domaine s'intégrant à l'histoire particulière d'un champ dont il faudrait rappeler les évolutions et les caractéristiques. Mais cela aurait dépassé de loin nos compétences et la rédaction d'un seul ouvrage.

Malgré ces limites avérées, la proposition théorique d'une typologie entend apporter des clarifications à notre sens essentielles quant à l'emploi de la notion de «communauté» dans les multiples débats et discussions touchant le retrait ou le redéploiement de l'État, les ressources et les activités de la société civile, la construction des solidarités ou encore la gestion des services publics. Sans être transposable telle quelle, nous espérons que la typologie adoptée permettra de nourrir des comparaisons avec les transformations en cours en d'autres lieux, et ainsi éclairer les enjeux de ce qui se joue dans ce secteur privilégié des démocraties contemporaines. Ancré dans une analyse de la situation québécoise, cet ouvrage a cependant l'ambition de dépasser ce seul cadre, en s'appuyant sur les données empiriques en vue d'élaborer comme hypothèse scientifique une conceptualisation qui autorise à lire de façon plus fine et plus juste la réalité sociale.

Concernant l'approche méthodologique proprement dite, le postulat principal de départ consistait à comprendre la « communauté » comme une idée-valeur au sens dumontien, source de perception, de jugement et d'action, donc comportant un double aspect à la fois cognitif et normatif (Dumont, 1983). Cette étude se conçoit comme un questionnement sur le mode d'appartenance moderne, à partir d'un « lieu » spécifique, la « communauté », à la fois milieu naturel, ressource instrumentalisable, source de savoirs et de pratiques originales, mode de vivre-ensemble idéal. Le « processus de communautarisation » est donc ici envisagé sous l'angle de l'appel à un nouveau type de « gouvernance », à une nouvelle façon de structurer la socialité à partir de valeurs explicites. Est visé à terme le dégagement théorique d'une « grammaire » de la communauté (au sens de Boltanski et Thévenot, 1991) : une compréhension des différentes modalités, articulées et ordonnées, à partir desquelles s'appréhende l'appartenance communautaire, comme ressort essentiellement moral d'actions publiques, tant de la part de l'État, des groupes ou des individus.

## UNE TYPOLOGIE CONCEPTUELLE : LES QUATRE IDÉAUX-TYPES DE LA COMMUNAUTÉ

À la suite des études préliminaires et de l'analyse des documents, s'est imposée, afin d'éclaircir la polysémie de la notion, la distinction de quatre dimensions idéal-typiques, lesquelles doivent être explorées dans leur constitution propre, leur intelligence du social et leur portée normative, sans négliger leurs interactions réciproques. Il est possible de les résumer ainsi :

1.  La « communauté » comme *communauté locale*, « milieu de vie », « milieu naturel », proche de la définition sociologique de Tönnies (voisinage, amitié, parenté, impliquant des relations de face à face).

2.  La « communauté » comme *organisation communautaire*, institutionnalisée, association ou regroupement militant autour d'un problème, d'une situation sociale, d'intérêts ou de références communes, offrant des services et de l'entraide, revendiquant des droits.

3.  La « communauté » comme *identité collective*, centrée autour d'un trait définitionnel prioritaire qui permet de caractériser et de rassembler des individus divers (origine ethnique, religion, langue, incapacité physique ou psychique, orientation sexuelle).

4.  La « communauté » comme *collectivité englobante*, le plus souvent territorialisée, à la fois politique (sous l'autorité de l'État-nation)

et culturelle (comme mœurs et traditions jugées «dominantes», «majoritaires»).

Nous verrons comment ces quatre «modes» de communauté s'interpénètrent de façon réciproque, l'un n'étant souvent compris qu'à l'aune de l'autre. Plutôt donc que des réalités substantielles, ces «modes de communautés» n'apparaissent que comme des «types relationnels», dont chacun émerge à la croisée de compréhensions particulières de l'appartenance, mais aussi du «manque à appartenir» considéré comme danger essentiel du vivre-ensemble moderne.

Par ailleurs, deux «axes» principaux contribuent à placer le processus de «communautarisation» dans une dynamique en tension, puisque ces deux axes peuvent apparaître contradictoires, au moins potentiellement: les polarités intégration (participation, inclusion) versus anomie (exclusion, isolement) définissent les extrémités opposées du premier axe dit d'«appartenance», tandis que les notions d'autonomie (indépendance) versus dépendance (assignation, subordination) caractérisent les antipodes du second axe dit de «liberté». La sociologie classique, notamment dans ses versions fonctionnalistes, a eu tendance à désigner par «anomie» le danger inhérent à un individualisme radicalisé (dont l'autonomie se transformerait en indépendance), tout en mettant en évidence les normes et valeurs communes nécessaires (y compris dans leurs implications hiérarchiques) à toute appartenance collective (par exemple à travers les exigences liées au fait de présenter un statut public ou de jouer un rôle social)[8].

Dans notre étude, il apparaît que le recours étatique à la «communauté» permet de conjoindre de manière implicite (puisque unis sous le même terme) les deux moments qui désignent le paradoxe interne au vivre-ensemble moderne: l'individu par définition «autonome», idéalement détaché de toutes les appartenances concrètes, doit cependant «s'intégrer», c'est-à-dire puiser dans son milieu encore dit «naturel» des ressources: ressources de sentiments, de soutien, de services et d'activités. C'est ainsi que les politiques publiques concernant la santé et les services sociaux s'inscrivent dans un présupposé extrêmement fort d'atomisation (synonyme de déclin du mode de vie traditionnel), un présupposé qui implique de définir le *manque à appartenir* comme description de la vulnérabilité, source de dépendance. La mise en relation des deux axes théoriques susnommés pourra faire émerger l'ambiguïté du processus de communautarisation en-

---

8. Voir à ce sujet le court mais très instructif appendice 2 de Norbert Elias (1997: 261-265) «Note sur les concepts de "structure sociale" et d'"anomie"», qui décrit chez Merton la présence de deux utilisations contradictoires du concept d'anomie, l'un fidèle à son origine durkheimienne (l'anomie comme type spécifique de structure sociale) et l'autre trahissant la tentation fonctionnaliste à l'assimilation entre la structure sociale et un ordre social positivement évalué comme équilibré (l'anomie comme désordre et chaos). La définition de l'anomie et de la déviance hésite donc entre leur appartenance au social (comme caractéristique intrinsèque) et leur expulsion du social (comme attitudes «a-sociales» plutôt qu'«anti-sociales»).

couragé par l'État, qui promeut *de facto* l'identification à une communauté à la fois *même* et *autre* que la société, à la fois refuge contre un monde techniciste, rationnel et individualisé, et à la fois microcosme de la « communauté des communautés » visée et espérée.

SCHÉMA : les « espaces » du sujet moderne

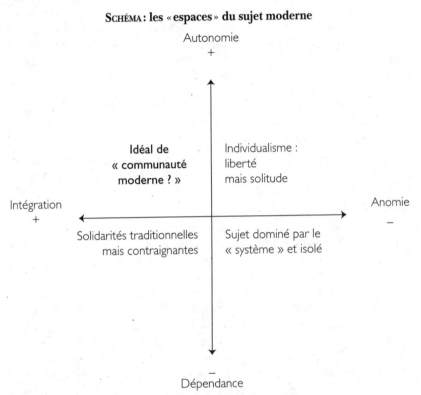

(Axe horizontal : « appartenance » du sujet, par intégration à des groupes de sens et d'action versus Axe vertical : « liberté » du sujet, par arrachement aux appartenances concrètes et choix de style de vie)

## PRÉSENTATION DU PLAN DE L'OUVRAGE

Nous nous proposons donc d'illustrer la variété des références à la « communauté » dans les documents publics québécois en montrant comment chaque idéal-type se trouve mobilisé dans des contextes particuliers. Au début des années 1970 – marquées par l'appel aux ressources « communautaires », la valorisation du bénévolat et de l'entraide, mais aussi la création des CLSC comme ressources simples de premier niveau –, la Commission Castonguay-Nepveu favorise la mise en place de nouvelles structures d'encadrement laissant une liberté d'action aux personnes et aux groupes et vise la formation de services communautaires intégrés dans une logique économique et administrative globale. Les services communautaires se présentent alors comme un premier palier administratif d'un système légitimé par l'autorité monopoliste de l'État. Une dynamique de rationalisation bureaucratique de la société civile s'emploie à financer des emplois dits communautaires (garde, maintien à domicile), mais aussi à modifier les comportements selon une «conception globale de la santé». Tandis que le premier moment correspond à une «responsabilisation» des milieux locaux et associatifs, le second consiste en un ciblage des «populations à risques». D'où une position conceptuelle à forte emprise sociologique qui tout en notant la disparition des «communautés traditionnelles» sous l'avènement de la société québécoise moderne (urbanisation, éducation, industrialisation, individualisation) cherche à retrouver dans une certaine «solidarité organique» les conditions nécessaires pour un soutien aux personnes et aux groupes «vulnérables» visés par l'intervention étatique. La forte dichotomie communauté/société proposée met donc en avant le rôle central de l'institution publique comme acteur prépondérant pour le renforcement des «communautés» (chap. I).

À travers cette filiation «sociologique» (selon une transposition implicite des travaux de Tönnies) apparaît ainsi la figure de la «communauté» comme «milieu de vie» (chap. II), que l'État a pour vocation de rendre aussi «vivante» que possible, notamment grâce aux «interventions communautaires» qui effectuent un travail social de «terrain» chargé de limiter les dégâts de la modernisation dans des collectivités déracinées, ayant perdu la proximité et la solidarité «naturelles» qui définissaient les collectivités harmonieuses du passé. La puissante idéalisation de l'intégration communautaire traditionnelle émerge implicitement en perspective avec les figures modernes du lien social (la famille, le voisinage, les attaches affectives) toutes en voie de transformation, et d'autant plus qu'elles se retrouvent mobilisées afin d'entériner le phénomène de désinstitutionnalisation et d'en limiter les conséquences, alors que la capacité d'autonomie des personnes désinstitutionnalisées repose pour une large part sur les possibilités «communautaires», qui conjoignent dans une certaine tension les ressources associatives et les soutiens «naturels» des proches (et en premier lieu des femmes aidantes).

L'organisme communautaire incarne cette deuxième expression de la «communauté» (chap. III) qui prend une importance toujours plus considérable au cours des années, notamment en réalisant le lien entre les milieux locaux d'interaction et l'expression militante de besoins et de problématiques sur l'agenda public. La position des «communautés» comme associations du tiers-secteur entre État et marché les contraint inévitablement à une dialectique «existentielle» entre velléités d'autonomie et nécessités d'institutionnalisation, entre contestation minoritaire et intégration au réseau public. D'où dans le discours de l'État un encouragement à l'autonomie, à la créativité, au bénévolat et à l'innovation, mais également « le danger, avec un recours aussi prononcé au communautaire, de consolider un système public parallèle de seconde zone » (Lamoureux et Lesemann, 1987 : 31). Les réformes sociosanitaires des années 1980 visent à favoriser la participation des citoyens à l'amélioration de leur état de santé, orientation qui s'accompagne d'un tournant libéral sur l'éthique de responsabilité personnelle et sur la modification de comportements jugés « déviants ». Mais le discours étatique n'est pas univoque : il prétend ne pas vouloir « métaboliser » (*ibid.* : 40) ou dénaturer l'action de la société civile, même s'il oriente les processus globaux, les mécanismes d'entraide et l'affectation des ressources communautaires. Et ce, d'autant plus que les organismes communautaires « avant-gardistes » ont à combattre sur un autre front, lorsqu'il s'agit de convertir et de convaincre les communautés locales sujettes au syndrome du « pas dans ma cour », refusant au nom de leur autonomie certaines politiques étatiques controversées en direction de populations désignées comme « à risque » (toxicomanes, itinérants, personnes présentant des déficiences intellectuelles, sidéens, etc.). La fonction « instrumentale » des organismes qui fournissent des services, accusés d'activité de sous-traitance correspondant au désengagement néolibéral de l'État (Vibert, 2005 ; White, 1994 ; Lamoureux, 2002 ; Hurtubise et Deslauriers, 1997 ; Lamoureux et Lesemann, 1987) contribue souvent à évacuer ou à masquer la dimension « expressive » des organisations communautaires, qui rendent visible une problématique déniée et interpellent la puissance publique tout en fournissant aux membres soutien, proximité, compréhension et attention.

La « communauté identitaire » (chap. IV) n'apparaît quant à elle que tardivement en tant que telle dans le discours public. Car alors que la « communauté » désigne jusque dans les années 1980 le milieu de vie local ou l'organisme associatif, les regroupements collectifs autour d'une caractéristique partagée ou d'un trait commun se révèlent généralement considérés comme des « groupes d'intérêt », qu'il s'agit certes de prendre en compte mais qui sont souvent renvoyés par le discours étatique au corporatisme particulariste ou à la sphère privée. Ce n'est que récemment, notamment suivant le basculement de sens extensif des termes de « culture » et d'« identité », qu'émergent des « communautés culturelles », à fondement ethnique, religieux, sexuel, moral ou autre, dont l'engagement dans la sphère publique tend à « politiser le privé » en vue de lutter contre les stigmatisations morales et les discriminations socio-économiques vécues par ces appartenances minoritaires. L'officialisation de certaines pratiques de « discrimination positive » renforce la valorisation d'un « pluralisme » qui finit par confondre sous une même désignation une extrême hétérogénéité de « communautés », qui suivant une tendance à la subjectivisation de toute collectivité, amalgame identités assignées, héritées ou choisies. En ce sens, la généralisation de la notion de «population vulnérable» renvoie souvent à une sous-catégorie de ces «cultures» et «identités», par l'intermédiaire d'une problématique partagée censée «faire communauté», ce qui n'est pas sans conséquence sur la manière paradoxalement essentialisante selon laquelle elles continuent à être perçues par le sens commun malgré la déconstruction radicale opérée par les sciences sociales.

Enfin, le quatrième et dernier sens porté par la référence à la communauté se manifeste sans doute de manière moins directement explicite, mais il se saisit en creux à travers la question de la «communauté englobante» (chap. V) qui travaille l'énonciation des politiques publiques et qui soustend la légitimité même de l'État dans ses rapports à la société civile. L'interrogation récurrente du Québec à propos de la «question nationale» interpelle le devenir de la «culture sociétale» (pour reprendre le terme de Kymlicka) de la province alors même que toute son action étatique porte en germe la possibilité d'une autodétermination collective. Aussi la confrontation entre la «grande communauté» nationale (notamment définie par une langue et par un État provincial spécifique) et la multiplicité des «communautés» plurielles amène-t-elle au jour l'exigence de définir une culture publique commune apte à articuler unité et diversité. Mais l'indétermination «nationale[9]» des frontières de la «communauté des citoyens» se double également d'une association de la communauté englobante avec les valeurs, mœurs et coutumes majoritaires qui, au niveau local, apparaissent parfois conservatrices, assimilatrices ou discriminantes. C'est ainsi à l'intersection du champ public et des représentations sociales que sourd la dimension englobante de la «communauté» qui parcourt tout le développement de la modernité politique, au moment même où le modèle traditionnel de l'État-nation doit faire face à une crise sans précédent quant à l'assurance de ses fondements et de sa fonction dans un monde toujours plus voué aux régulations économiques et juridiques.

---

9. On peut avoir une vue saisissante de la question en lisant les brèves mais denses contributions apportées par une grande diversité d'auteurs majeurs dans le recueil de Venne (2000).

# CHAPITRE I

# Le contexte : l'avènement de la « société » et la désintégration des « communautés traditionnelles » (d'après le Rapport Castonguay)

Le Rapport Castonguay-Nepveu, datant du tout début des années 1970, offre une bonne idée du contexte qui précède l'utilisation surabondante du concept de « communauté » à la fois dans les politiques publiques et dans le discours des acteurs. Car le rapport de la Commission Castonguay-Nepveu, étudié dans le domaine des services sociaux, s'ancre explicitement dans une signification « sociologique », à dominante durkheimienne, de la communauté, comprise avant tout comme *communauté locale*. Cette appréciation de la communauté locale, oserait-on dire « naturelle », se dégage sur fond d'une évolution historique évidente, à la fois identifiée dans ses causes et crainte dans ses effets : un processus global allant de la communauté à la société, des liens interpersonnels, moraux et religieux vers le rapport abstrait et formel à l'État. Cette analyse sociologique se situe donc dans le droit fil des travaux classiques de Tönnies. Dans ce sens, la communauté constitue une sorte de « résidu » pour la modernité industrielle et étatique, propre à une période révolue. Mais d'un autre côté, les apories et les difficultés profondes de la société moderne, liées à l'isolement, à l'anomie et à la désintégration des structures traditionnelles, font que la « communauté » renouvelée, en danger, demande à être soutenue, voire reconstruite, par l'État, qui y voit la condition indépassable d'une société intégrée et harmonieuse.

Le volume du Rapport Castonguay-Nepveu consacré aux services sociaux énonce clairement la distinction entre deux conceptions de ces services sociaux : tout d'abord une conception « traditionnelle », selon laquelle l'intervention des services sociaux s'effectue seulement quand les « structures normales de la société font défaut » (Commission d'enquête, 1972 : 14[1]). Ensuite, une conception « institutionnelle », qui inspire la démarche de

---

1. Cette citation et toutes les suivantes sont extraites du document : Commission d'enquête sur la santé et le bien-être social (1972) (Commission Castonguay-Nepveu), *Les services sociaux*, vol. VI, tome 1, Les Publications du Québec. Nous ne ferons donc qu'indiquer les pages sans rappeler la référence complète.

l'État-providence moderne : le système organisé de services et d'institutions s'établit afin d'aider les individus et les groupes à atteindre des standards de vie et de santé satisfaisants, un développement plus complet des capacités individuelles et la «réalisation de leur bien-être en harmonie avec les besoins de la communauté» (*ibid.*: 14). Le rapport s'inscrit dans un programme de l'Organisation des Nations Unies[2] qui entreprend, parmi d'autres objectifs, d'assister les populations dites «vulnérables» : réfugiés et travailleurs migrants, groupes ou habitants de régions défavorisées, minorités victimes de discrimination, personnes handicapées, malades chroniques, personnes âgées, veuves ayant charge d'enfants, familles nombreuses à faible revenu, victimes de catastrophes naturelles, travailleurs déplacés, jeunes sans emploi, habitants des bidonvilles, alcooliques, toxicomanes et délinquants. Les services sociaux sont donc considérés comme un ensemble de moyens préventifs ou correctifs par lesquels la «société» aide les personnes, les familles, les groupes ou les collectivités, pour les maintenir, les intégrer ou les réintégrer «dans ce qu'ils considèrent comme une vie normale» (*ibid.*: 26). Le terme de «communauté» brille donc par son absence dans cette énumération des différents «collectifs» internes à la société globale : si ces regroupements de personnes selon des «identités» ou des problématiques partagées ne peuvent être nommés «communautés», c'est parce que le terme se révèle réservé à la dimension locale et interpersonnelle, notamment dans les formes tönniesiennes de la famille, du voisinage et de l'amitié.

Le Rapport rappelle que, dans les sociétés traditionnelles (au sens d'une culture imprégnée par la référence religieuse et non encore subordonnée à l'interventionnisme étatique), les services sociaux ne sont pas organisés en système institutionnel : les activités de médiation, de consultation, de soutien et d'aide s'exercent au sein de la famille, du voisinage, de la paroisse ou de la société. L'entraide s'appréhende en effet comme une fonction «normale», naturelle de la famille traditionnelle (qui est une unité socio-économique et dépend des normes du Code civil pour ce qui concerne les droits et obligations des différents membres de la famille), du voisinage (défini comme une «communauté d'intérêts», la «côte» ou le «rang» étant des lieux d'entraide par échange continu de services), de la paroisse (organisation à la fois religieuse, municipale et scolaire, autour des notables : le curé, le médecin, l'instituteur qui au-delà de leurs rôles professionnels se présentent comme des médiateurs avec le monde extérieur), et enfin de la société, celle-ci étant appréhendée selon une forte dimension religieuse (puisque s'exprimant par les œuvres sociales dans le diocèse, les établissements de charité, les caisses d'épargne et de crédit, les hôpitaux).

---

2. ONU, *Planification de la protection sociale dans le contexte des plans nationaux de développement*, New York, 1970.

Les structures traditionnelles de solidarité s'inscrivent dans la dimension humaniste propre au message chrétien de charité et de bienfaisance: «Ces services ont, dans l'immense majorité des cas, un caractère personnel et [...] ils tiennent compte de la dimension humaine de la personne qui a besoin d'aide.» (*ibid.*: 37) Cependant, il appert qu'elles ne peuvent plus remplir ce rôle de manière effective dans les conditions de la modernité: les valeurs «communautaires», malgré leur importance pour le bien-être de la société, ne sont sans doute pas transposables telles quelles. Car outre le fait qu'elles peuvent comporter certains effets négatifs (par exemple la possibilité d'importer le caractère arbitraire des relations personnelles au sein de l'anonymat de la loi égale pour tous), elles s'avèrent surtout dépendantes d'une organisation rurale mal adaptée en milieu urbain, l'attachement des travailleurs à leur ville ne pouvant être comparable à celui des paysans pour leur village: «la communauté d'intérêts, qui a tendance, en milieu urbain, à se fractionner, rend de plus en plus aléatoire la distribution des services imaginés par la société traditionnelle» (*ibid.*: 38).

Aussi, toutes les sphères d'aide et de soutien propres à l'univers traditionnel se trouvent bouleversées par l'avènement de la société moderne. Dans la «société industrielle», la famille devenue nucléaire devient plus vulnérable face aux bouleversements économiques et sociaux, notamment à cause de son isolement dans des milieux sans attaches affectives: «Du seul fait qu'il est séparé des siens et de sa communauté d'origine, l'individu perd son identité sociale et se trouve souvent privé de soutien matériel et moral, au moment où il en a besoin. Il en résulte un sentiment d'isolement, de déracinement et de frustration.» (*ibid.*: 39) Reprenant un schème bien connu de la tradition sociologique depuis Durkheim et son étude sur le suicide, l'analyse considère que l'accession à la modernité, en émancipant l'individu de ses appartenances traditionnelles contraignantes et «naturelles», le prédispose à l'anomie et à l'isolement: la désagrégation des communautés villageoises et rurales ouvre la voie à un individualisme certes émancipateur sur son versant positif, mais potentiellement source de souffrance psychique et de détresse matérielle.

La dichotomie communauté/société se trouve ainsi dans un premier temps reproduite à partir de la pensée sociologique classique, sans recul ni discussion, traduite le plus souvent dans l'analyse selon des binarités équivalentes: société traditionnelle/société industrielle, simplicité/complexité, religion/raison, etc. Ainsi, le Rapport Castonguay va-t-il opposer, à l'instar des écrits de Tönnies un siècle plus tôt, le caractère «naturel» des structures communautaires traditionnelles à la formation «artificielle» des modes de socialité moderne, fondés sur la contingence et l'intérêt[3]: «Le champ d'action des services sociaux s'étend à la famille et à la paroisse dans la

---

3. Les mises en italiques dans les deux citations suivantes sont effectuées par nos soins.

société traditionnelle, mais dans la société industrielle couvre toute la société. Dans le premier cas, les besoins, problèmes et situations sont relativement *simples*, alors qu'ils deviennent de plus en plus *complexes* à mesure que l'homme passe d'un milieu *naturel* à celui où la technique lui impose une foule de contraintes. » (*ibid.*: 70) Et plus loin : « Dans la société traditionnelle, l'aide dont l'homme a besoin est généralement disponible dans le milieu où il vit ; exceptionnellement, une telle aide exige un changement de milieu. Dans la société industrielle, une partie de plus en plus grande de l'aide dont il a besoin n'est plus disponible dans son milieu, parce que les structures *artificielles* de soutien ne peuvent remplacer les structures *naturelles* d'autrefois. Les services sociaux sont distribués par l'entremise d'organismes ou d'établissements, suivant le cas, et ces institutions ne semblent pas suffisamment intégrées à la société. » (*ibid.*: 70) On peut souligner que le manque d'intégration des services constituera une critique récurrente jusque dans les documents les plus récents, à une différence près, mais fondamentale : le dernier terme, « société », sera remplacé par la « communauté », qui va devenir le lieu primordial d'intégration des individus et des institutions chargées de les soutenir[4].

La famille se présente comme la structure traditionnelle ayant subi le plus important contrecoup des bouleversements socio-économiques (pauvreté, chômage, problèmes psycho-sociaux) entraînés par la révolution industrielle, par exemple à travers les symptômes que sont les grossesses non désirées, les mariages mal préparés et rapidement conclus, les familles disloquées, les divorces. Dans cette perspective, la distribution de services sociaux a pour objectif de « préserver l'existence même des familles » (*ibid.*: 80). Les politiques de mobilité de la main-d'œuvre sont jugées avantageuses au niveau économique mais « socialement et culturellement néfastes, car elles séparent artificiellement le travail des autres conditions de vie, et rendent particulièrement difficile, voire impossible, l'intégration familiale et communautaire des travailleurs déplacés » (*ibid.*: 106) : la modernité industrielle se trouve à l'origine de la destruction des attaches traditionnelles, familiales, religieuses et communautaires.

Le rapport Castonguay s'efforce de délimiter le « champ d'action des services sociaux » (les besoins, les problèmes, les situations vécues, les individus ou groupes « clientèles »), les buts de leur action et les moyens à

---

4. Sans que nous puissions y insister, le Rapport énumère longuement toute une série d'oppositions entre société traditionnelle et société industrielle, oppositions classiques dans la dichotomie communauté vs société : non-distinction entre bien matériels et immatériels dans la communauté vs importance de premier plan de cette distinction dans la société industrielle ; services sociaux accessibles à une immense majorité de la population vs services sociaux modernes surtout réservés aux pauvres et aux indigents ; une structure institutionnelle qui dépend de la famille, de la paroisse et des institutions religieuses vs des institutions propres à la société industrielle ; une idéologie qui prend source dans un esprit de solidarité familiale et paroissiale, par l'exercice de la charité vs l'assistance, la sécurité sociale, le *Welfare State*, le développement social moderne, etc.

engager. Mais certains problèmes parmi les plus graves n'apparaissent pas susceptibles d'être résolus par l'action des seuls services sociaux: l'inutilité sociale de groupes entiers, le chômage chronique, les écarts de revenus, la pollution de l'environnement, l'exode rural, les ghettos d'assistés sociaux dans les centres urbains, la violence et le mépris comme «déchets de la société de consommation» (*ibid.*: 152). L'approche utilisée, nous l'avons dit, se revendique explicitement des concepts de la «science» sociologique positiviste, notamment dans la filiation durkheimienne, et ce, jusque dans ses assertions emblématiques: «Pour nous, les faits ont une raison d'être et une structure objectives, en eux-mêmes et indépendamment de toute "idée" à leur propos.» (*ibid.*: 153) Il faut donc «considérer les faits sociaux comme des choses».

La diversité toujours croissante de ce nouveau monde industriel engage des transformations profondes, entre autres la disparition de la grande famille unanime et l'exacerbation des différences, qui vont jusqu'à voiler la «solidarité organique» caractérisant la société moderne: «nos rapports complémentaires et réciproques sont si complexes et subtils que nous n'en avons pas toujours conscience» (*ibid.*: 159). Et bientôt, afin de surmonter ce pluralisme directement issu de l'atomisation propre à la société industrielle, seuls les services sociaux, émanation directe de l'État garant du Bien commun, sembleront aptes à assurer les relations harmonieuses propres à une identité collective particulière: «Pour rejoindre, au-delà de nos différences, l'unité de notre être et la totalité du réel, nous n'avons pas d'autre choix que de nous regrouper au sein des services sociaux, que de nous rencontrer par le groupe et dans le groupe [...] Le groupe s'identifie et se définit en partie par la totalité des personnes qui le composent, en partie par l'unité de son objectif et de sa tâche. Le groupe forge son identité dans l'action.» (*ibid.*: 159) Il convient donc d'unifier la population en général et les «groupes spontanés qu'elle forme dans ses lieux et milieux d'habitation: communautés locales, groupes de voisinage, familles nucléaires ou plus étendues, groupes d'amitié, groupements de solidarité et d'intérêts, etc.» (*ibid.*: 159). Le nouveau modèle de services veut apporter «un peu plus de solidarité, de sécurité, d'entraide, de communication et d'épanouissement humain qu'il n'y en a aujourd'hui» (*ibid.*: 160). Il nous apparaît à ce stade que l'emploi du terme «communauté» se situe bien dans la filiation des «communautés traditionnelles», affectives, morales et localisées, parfois à connotation religieuse (la valeur de «fraternité»), dans un monde qui de plus en plus s'éloigne de ce type de relations humaines au niveau de son ordonnancement global. Aussi, comme nous le verrons plus avant, il s'agit à la fois de préserver, voire de sauver les communautés encore existantes quoique en voie de perdition, mais également de rappeler l'idéal d'une «communauté» englobante, au-delà du pluralisme et de l'atomisation révélés par les avancées du mode de vie industriel moderne.

Dans le rapport Castonguay se voit également affirmé le refus d'une approche «mécaniciste et bureaucratique», procédant par relations simples, causalistes et «behavioristes» (de cause à effet, de stimulus à réponse), en faveur d'une méthode comprenant les services sociaux «comme parties constituantes d'un tout organique», sur le modèle administratif «cybernétique», avec «une structure de base, le plus possible intégrée aux communautés locales, groupes naturels ou groupements de situation et d'intérêt de la population» (*ibid.*: 163) et une structure adjacente, incarnée par les services thérapeutiques et préventifs. Les services thérapeutiques doivent répondre aux situations d'«anomie», «situation où les normes sociales perdent jusqu'à un certain point leur légitimité et leur pouvoir de contrainte». Aussi, les services doivent être logés «le plus près possible des milieux de vie, d'évolution et de tension socioculturelle – à la base et au cœur même des lieux concrets de notre collectivité» (*ibid.*: 166). Les pères fondateurs de la discipline sociologique, Durkheim et Weber, sont convoqués comme autorité afin de légitimer la distinction communauté/société: «il existe deux types principaux de solidarité sociale: a) organique ou communauté (*Gemeinschaftung*), c'est-à-dire fondée sur des rapports intensifs entre les personnes, à partir de valeurs communes partagées, et tendant à constituer des ensembles sociaux totaux, centripètes (*inner-oriented*) et autonomes, b) mécanique ou sociétale (*Gesellshaftung*), c'est-à-dire fondée sur des rapports extensifs entre les statuts et les rôles sociaux, à partir d'une division fonctionnelle des rapports et des modes de production, et tendant à constituer des ensembles sociaux partiels, centrifuges (*outer-oriented*) et complémentaires» (*ibid.*: 166, note 2). Cette distinction s'effectue à l'aune des soubassements évolutionnistes propres aux analyses classiques de la «tradition sociologique[5]», à travers un passage inéluctable d'une forme à l'autre. Toute l'importance de la notion de «communauté», et la source de sa réapparition dans les débats contemporains, s'aperçoit dans l'explication suivante, qui met remarquablement en lumière sa vocation récurrente, à savoir sauver les idéaux de solidarité, d'intégration et d'appartenance tout en assurant la prééminence spécifiquement moderne des valeurs individualistes (Dumont, 1983), exprimées par la liberté de sujets moraux et rationnels, égaux en droit: «Tout le monde a noté la disparition ou l'affaiblissement progressif, dans la plupart des milieux, de la solidarité communautaire du village ou de la paroisse, du voisinage, de la famille étendue et même, en ce moment, de la famille nucléaire, entre autres. Il ne s'agit évidemment pas de ressusciter artificiellement des formes sociales désormais caduques. Mais le principe et la nécessité de ce genre de solidarité humaine demeurent. Sans vouloir créer *ex nihilo* de nouveaux organes, ni y suppléer, nous croyons qu'il est possible et essentiel d'établir des structures

---

5.  Pour une claire démonstration de l'importance de la notion de «communauté» dans la formation même de cette «tradition sociologique», voir l'ouvrage fondateur de Robert Nisbet (1984), qui en fait le plus fondamental des concepts élémentaires de la sociologie.

fondamentales d'encadrement et d'appui, qui permettront aux anciennes solidarités qui subsistent, de se renouveler ; à de nouvelles de se créer et de se développer – en laissant une authentique liberté d'action aux personnes, aux groupes et aux collectivités.» (*ibid.*: 166-167) Les agents des services sociaux doivent être «tournés vers autrui», et les services eux-mêmes se définir par une «action préventive dans les milieux, là où il n'y a pas non-organisation ou désintégration socio-culturelle».

La filiation avec les «communautés traditionnelles» qui légitime cette analyse en termes de disparition des contenus (la famille et la paroisse), mais nécessaire réinvention des formes (les structures étatiques) s'intègre dans une compréhension générale de la société fondée sur la métaphore organique: «[...] – Parce que l'Église et surtout la paroisse sont beaucoup plus des communautés qu'autre chose –, les organismes de services sociaux ont toujours, de leur propre mouvement, évolué avec plus d'intérêt et d'aise dans les aspects communautaires et organiques de la société.» (*ibid.*: 178) Le développement de la modernité implique l'érosion des villages, des quartiers et des paroisses, l'effritement des voisinages, la séparation des familles, d'où ce constat implacable et pessimiste: «La société québécoise s'est refroidie progressivement et rapidement.» (*ibid.*: 179) Néanmoins, les cadres disparaissent mais le contexte demeure: «Le bien-être se réalise intégralement dans la personne, la famille et dans le groupe... ou il ne règne pas» (idem).

Afin de conclure sur cette présentation rapide du contexte qui transparaît à travers certains des premiers énoncés publics québécois concernant l'institutionnalisation des services étatiques de santé publique, on notera sans peine l'imprégnation de la rationalité technocratique prévalant dans l'enjeu organisationnel et se représentant le «tissu» social comme un système à plusieurs niveaux concentriques afin de résoudre les problèmes sociaux: famille, réseau naturel, ressources communautaires, ressources publiques. Domine en cette période de plein épanouissement de la logique providentialiste de l'État social progressiste un modèle biologique, «une représentation de la société en termes d'équilibres naturels, organicité des ensembles» (Lamoureux et Lesemann, 1987: 194). Ce continuum de ressources et services reconnaît comme plus légitimes, car «naturelles», certaines institutions comme la famille ou la «communauté». Cette hypothèse «naturaliste» postule l'existence durable de solidarités et fait abstraction des rapports sociaux constitutifs de cette «nature» (statut prescrit de la femme, méconnaissance de l'éclatement familial, modèle d'équilibre harmonieux), le tout sur fond d'expressions à tendance vitaliste (régénérer le tissu social, vitaliser les environnements, populations à risques potentiels, éléments pathogènes, etc.)

Avant 1960, de nombreux organismes religieux ou laïcs assuraient une large part des services bénévoles. Le financement du secteur communautaire passe alors de l'Église à l'État, ce qui lui permet en retour d'influer à plusieurs reprises sur le processus de décision publique, signant la naissance de l'activisme communautaire comme force politique. Pour sa part, l'État emprunte au discours communautaire afin de favoriser la mobilisation d'un mouvement démocratique (à travers, par exemple, les comités de citoyens), puis tente d'intégrer le mouvement communautaire dans le continuum des services publics à partir des années 1970, notamment à travers l'établissement du réseau des CLSC, structure créée afin d'unir les forces étatiques et les acteurs communautaires et de soutenir les initiatives locales, mais qui en fin de compte déboucha sur la division du mouvement communautaire à la suite de l'institutionnalisation de certains organismes (Laforest et Phillips, 2001). Le système de santé hérité des années 1970 a d'évidence permis une atténuation certaine des inégalités sociales, mais il a été rapidement accusé de porter un certain nombre de défauts, dont celui majeur d'être «hospitalo-médicalo-centriste» (Vaillancourt, 2001), c'est-à-dire de privilégier les services de santé au détriment des services sociaux, d'adopter avec réticence les mesures de maintien à domicile, d'accentuer une orientation «fordiste» peu sensible à la question des déterminants sociaux de la santé et d'imposer un interventionnisme étatique centralisé (tant aux niveaux du financement que de la gestion ou de la distribution des soins). À travers la rhétorique du Rapport Castonguay qui va dominer les années 1970 jusqu'à la «crise» de l'État-Providence, le «public» se confond avec l'étatisme, le «privé» avec le marché et l'économie sociale. Ainsi qu'on a pu l'affirmer, la réforme globale suivant la Loi sur les services de santé et les services sociaux (créant notamment un palier local de première ligne), si elle s'est effectuée sous le signe de la participation, a laissé en fait peu de place à l'activité des citoyens et des utilisateurs, instaurant «la bureaucratie gouvernementale comme principal mécanisme de contrôle réel» de cette nouvelle structure (Godbout, 1983: 99). Alors que pour la Commission Castonguay, nous l'avons vu, les établissements publics devaient idéalement se présenter, au moins en partie, comme une émanation des communautés et du milieu local, le législateur préférera ne pas suivre ces recommandations, se contentant de placer des usagers et des citoyens au sein des conseils d'administration des CLSC, qui plus est, au faible pouvoir de contrôle (Godbout et autres, 1987: 85). Avec pour conséquence l'auto-attribution (très critiquée par les organismes) de l'adjectif par certaines «institutions publiques *communautaires*» (*ibid.*: 92) qui s'efforcèrent de mettre en œuvre une intervention intégrée, sans pour autant dissoudre les différences d'approche qui ressortent clairement des pratiques et des interventions.

# CHAPITRE 2

# La communauté comme «milieu de vie»: la prééminence du local

Le premier niveau de «communauté» tend à prolonger son appréhension classique au sein de la discipline sociologique, en mettant l'accent sur les liens interpersonnels et de proximité, tant familiaux qu'affectifs. Or, les énoncés publics ou para-publics soulèvent le constat de la déshérence progressive de ces relations de type communautaire dans la modernité, au profit des attaches électives propres aux individus autonomes, ce qui n'est, par ailleurs, pas sans effets catastrophiques sur la situation sociale des collectivités locales. Aussi le rôle de l'État va-t-il consister à soutenir et à restaurer (voir à créer) des «communautés» en milieu urbain afin de raffermir les valeurs (entraide, solidarité, proximité) qui les caractérisent, tout en s'interrogeant sur les variables quantitatives à prendre en compte pour consolider l'existence «communautaire» (a). Car toute une part des appuis, liée à la composition «traditionnelle» de la communauté, tend à s'affaisser avec l'exode rural et l'individualisation des comportements, notamment le devoir moral qui incitait les «aidants et aidantes naturels» à prendre soin de leurs proches (b). Cette difficulté apparaît d'ailleurs tout particulièrement alors que s'amorce un processus inédit de désinstitutionnalisation, qui souhaite certes accroître l'autonomie des personnes brimées en milieu fermé, mais qui, sans le transfert de ressources adéquat, impose de lourdes charges de travail supplémentaire au «milieu naturel». Paradoxalement, le «recours à la communauté» sollicité par l'État se heurte également aux réticences de certaines collectivités locales peu préparées, notamment sur le plan des représentations, à une acceptation des différences les plus dérangeantes, d'où l'appel à des actions de «sensibilisation» réalisées par des groupes militants, tout aussi «communautaires», mais plus ouverts à certaines problématiques minoritaires (c).

## A) LA «COMMUNAUTÉ» SOUTENUE PAR L'ÉTAT POUR SAUVER LA COMMUNAUTÉ...

Nous avons noté que la «communauté» apparaît dans le Rapport Castonguay essentiellement comme une réalité «morale» et «locale», inscription de la personne dans des réseaux de sociabilité matériels et symboliques. Dans la lignée de Tönnies ou Durkheim, l'enracinement dans un monde territorialisé, avec ses propres réseaux, signes et codes de reconnaissance permet la résolution et la régulation implicite de nombreux problèmes sociaux. C'est donc à un niveau local, évoquant inévitablement la paroisse, le voisinage, le quartier, que les services sociaux doivent s'arrimer, afin de compléter de manière concrète les relations déjà existantes, dans un rôle de substitution, de suppléance pour les difficultés nées du passage à la société moderne, traduites par l'anomie, l'isolement, l'incompréhension et la violence. Sont mises en avant par le Rapport Castonguay les techniques du travailleur social, qui doivent nécessairement s'inscrire dans l'existence de la communauté elle-même et la désignation de ses problèmes: «un processus par lequel une communauté identifie ses besoins ou objectifs, ordonne (ou hiérarchise) ces besoins et ces objectifs, développe la volonté et la confiance à travailler à ces besoins ou objectifs, trouve les ressources (internes et/ou externes) pour faire face à ces besoins et objectifs, agit par rapport à ces derniers et, ce faisant, étend et développe des attitudes et des pratiques de coopération et de développement dans la communauté.» (*ibid.*: 181)

Il s'agira donc, dans cette perspective, de «restaurer la solidarité» à un niveau microsocial, sans rapport direct avec l'organisation de la société capitaliste, sans potentiel de revendication révolutionnaire ou même réformiste, sans remise en cause des profondes inégalités générées par le système. La «communauté» se révèle alors spécifiquement locale, sans continuité manifeste avec l'organisation de la société dans son ensemble. Les services sociaux auront avant tout à «colmater les brèches»: «Étant donné que les services sociaux sont fondés sur des besoins et des valeurs et qu'ils entraînent des relations interpersonnelles de solidarité et de sécurité, leurs objectifs se situent à un niveau sociologique élémentaire qui ne dépasse pas la communauté. Ils ne sauraient donc être efficaces au niveau intermédiaire des normes et des statuts dans la société, ni au niveau institutionnel où se situe la société globale. En d'autre termes, l'action des services sociaux ne s'exerce pas sur les groupements formels et informels (v.g. groupements d'intérêt, de pression, etc.), sur les collectivités et sur la société globale en tant que tels.» (*ibid.*: 189) En ce sens, la notion de «communauté» crée un niveau d'intervention publique sans rapport direct avec la mise en forme institutionnelle de la société, ni des relations de pouvoir qui la constituent.

Quatre niveaux dégressifs d'intervention sont distingués, du plus fort au plus faible: les niveaux 1 (intervention: rôle de suppléance), 2 (médiation: rôle de tuteur), 3 (consultation: rôle de guide), 4 (soutien: rôle de présence). Ces quatre niveaux s'appliquent à des situations fort différentes dans lesquelles se trouve la communauté locale qui va être le lieu et l'objet de l'action sociale. Le niveau 1 concerne «les communautés désintégrées ou en voie de l'être», le niveau 2 «les communautés inorganisées ou en voie de désorganisation», le niveau 3 «les familles et les personnes seules, mal informées pour tous les problèmes de leur vie quotidienne», et enfin le niveau 4 «les groupes organisés de la communauté, les enfants d'âge préscolaire, les adolescents, adultes et personnes âgées pour leur vie de groupe» (*ibid.*: 188): on note que selon notre répartition typologique, les trois premiers niveaux se réfèrent à la communauté locale comme «milieu de vie», alors que le quatrième niveau conjoint les «organisations communautaires» et les «identités collectives». Par les services sociaux, aux deux premiers niveaux notamment, l'État élabore un instrument de «ré-intégration», de «ré-organisation» de «communautés» locales urbaines en phase de déliquescence, une déliquescence causée prioritairement par la violence qui y règne et l'isolement des personnes qui y vivent. Pour ainsi dire, le terme de «communauté» est utilisé afin de décrire une situation où justement toutes les relations dites «communautaires» (solidarité, entraide, rapports interpersonnels) se sont d'ores et déjà évanouies ou sont fortement affaiblies. Les objectifs ultimes des services sociaux concernent donc «l'intégration» (selon le postulat qu'une personnalité stable résulte de relations interpersonnelles positives, surtout affectives, qui donnent une identité et un statut à l'individu ou au groupe social) et la «promotion» des personnes et des groupes (selon une dynamique d'action et de développement personnel et communautaire) qui doit leur permettre «d'utiliser pleinement toutes leurs ressources d'une façon libre et autonome» (*ibid.*: 189). D'où la mise en rapport des deux finalités conjointes par la notion de «communauté»: *l'intégration* (opposée à l'anomie), loin de favoriser la soumission et la dépendance comme cela pourrait être le cas pour les appartenances «traditionnelles» et hiérarchiques, est censée permettre *l'autonomie* individuelle, en tant que ressource librement disponible pour le sujet, individuel ou collectif.

Mais les services sociaux possèdent également, en plus de ces buts ultimes, des objectifs «intermédiaires», toujours liés à l'existence «communautaire»: «la formation d'une structure organique de participation, la création d'une identité collective originale et leur maintien au sein d'un groupe, centrés sur la réalisation par ce groupe, des projets de développement de son milieu et des tâches d'appropriation de son environnement qu'il a lui-même définis.» (*ibid.*: 191) Et enfin des objectifs «immédiats»: «permettre à une communauté (et à ses membres) de satisfaire les besoins et les aspirations qu'elle personnifie et incarne dans son environnement et son milieu de vie» (*ibid.*: 197), selon divers sous-objectifs, comme susciter la participation totale (tant physique et affective que rationnelle) des personnes de la communauté, susciter l'organisation des personnes de la communauté en groupes de travail ou en groupes spécialisés (en fonction d'objectifs et de tâches préalablement définis), fournir des techniques et des connaissances factuelles pour que les personnes et les petits groupes de la communautés transforment («pour leur liberté, leur plaisir et leur bonheur») les conditions matérielles de vie dans leur environnement et leur milieu, ou encore réaliser les tâches nécessaires de fabrication, d'entretien et de surveillance des installations communautaires (*ibid.*: 197).

Par l'intermédiaire des organismes communautaires qui seront mis en place et dispenseront des services sociaux, l'État se place dans une position d'interventionnisme fort, dans une perspective où l'autoorganisation des communautés locales devra être suscitée, aidée, provoquée, soutenue : on observe donc directement un rapport d'instrumentalisation, fondé certes sur une vision explicitement «généreuse» de la solidarité sociale, qui conjugue l'idéal intégrateur et moral des attaches traditionnelles avec les velléités d'autogestion des «coopératives» des années 1970, le tout sous l'égide de la puissance publique. En un mot, c'est le moment d'une assimilation sous la même notion de trois réalités sociales habituellement en tension les unes avec les autres : l'intégration morale traditionnelle, l'autodétermination collective et l'interventionnisme étatique. «L'animation sociale intensive consiste à susciter la participation au sein d'une communauté désintégrée (c'est-à-dire anomique)» (*ibid.*: 288), requérant un travail d'animation profond («jusqu'aux attitudes et même jusqu'aux valeurs fondamentales des participants») dans les «communautés désintégrées ou en voie de l'être, à la suite de circonstances diverses réalisées ou prévues (désastres, migrations, isolement, urbanisation, changements économiques et sociaux subits, etc.)» (*ibid.*: 289). L'intervention qui deviendra «communautaire» s'effectue dans les milieux dont les difficultés tiennent à l'extension du système capitaliste, urbain et industriel, notamment la nécessité des migrations et l'accélération des transformations socio-économiques. Est ainsi requise (et activement encouragée) une «mobilisation» de la «communauté» comme organisation militante afin de limiter la destruction par le mode de vie moderne de la «communauté» comme milieu local. Pour résumer l'idée d'une simple expression, il semble bien que l'État fasse appel à la «communauté» comme recours afin de combattre la disparition de la... communauté.

Étonnamment, le Rapport Castonguay va jusqu'à déterminer quantitativement le concept de «communauté» locale : une population minimale de 400 personnes et maximale de 20 000 personnes environ «à l'intérieur d'une seule communauté socialement ou géographiquement délimitée» (*ibid.*: 290). Par justification «scientifique», le rapport entend utiliser «le concept de communauté en sociologie et en anthropologie», et ce, à partir d'une citation extraite en version originale anglaise de l'article classique de Conrad Arensberg (1961), *The community as object and as sample*: «The community is the minimal unit table of organization of the personnel who can carry and transmit this culture. It is the minimal unit realizing the categories and offices of their social organization. It is the minimal group capable of re-enacting in the present and transmitting to the future the cultural an institutional inventory of their historic and distinctive tradition. And FROM it, IN it, the child learns, from peers and the street as well from parents and teachers, the lore of his people and what must be learned to become one of them.»

Commentant et précisant cette définition initiale, le Rapport poursuit: «Ainsi, une communauté se définit tout à la fois par des dimensions spatiales (territoire occupé), écologiques (rapports avec l'environnement et ses ressources), démographiques (population), sociales (formes de groupement privilégiées) et culturelles (valeurs, normes et conduites spécifiques). Le chiffre de la population formant une communauté n'est donc qu'un indicateur parmi d'autres, mais celui-ci a l'avantage d'être plus facilement mesurable. Selon cet indicateur, une communauté comporte de 400 à 20 000 personnes environ. Par exemple, les quatre communautés étudiées par Severyn T. Bruyn[1] ont des populations adultes variant entre 409 (Chapin) et 14 721 (Jacksonville), pour des populations globales de 1 000 à 20 000 environ dans l'un et l'autre cas. En deçà de 400 (approximativement), une structure communautaire stable et permanente peut difficilement se constituer; au-delà de 20 000 (approximativement), les individus peuvent difficilement se connaître globalement et entretenir entre eux des relations fréquentes et multidimensionnelles[2].» (*ibid.*: 290) Le rapport note également que les centres communautaires américains (*Neighbourhood Services Centers*) s'établissent généralement autour de communautés pouvant varier de 15 000 à 35 000 habitants, alors qu'en Norvège de tels centres sont créées autour de «communes» de 5 000 à 6 000 habitants: «Rappelons enfin qu'une communauté est avant tout un groupement socioculturel défini et qu'elle doit

---

1. Severyn T. Bruyn, *Communities in action*, College and University Press, New Heaven, 1963.

2. Parmi les sources citées à l'origine de ces appréciations sociologiques, le Rapport cite les ouvrages de Robert E. Park (1952), *Human communities*, Free Press, New York, et de George C. Howan (1950), *The human group*, Harcourt, Braceand World, New York, ainsi que le «Report of the interdepartmental Task Force on Inner City Information», publié dans *The model Cities Program Centre for Community Planning*, U.S. dpt of Health, Education and Welfare, Washington, janvier 1969. Il serait opportun de considérer combien les théories de l'École de Chicago, dominantes aux États-Unis, ont pu influencé la perception de l'intervention communautaire au Québec, et sur un plan plus large, la prépondérance des analyses sociologiques dans la caractérisation des problématiques sociales par l'autorité publique. Pour une présentation succincte (mais qui constituerait la base d'une réflexion comparative) de ce «militantisme sociologique» faussement objectif, voir Herpin (1973).

d'abord être identifiée en termes anthropologiques (culture) et politiques (participation) (*ibid.*: 293). Autant de termes – et tout particulièrement celui de « culture »[3] – devenus hautement problématiques aujourd'hui, bien loin de leur emploi « objectif », consensuel et sans distanciation heuristique des années 1970.

La tentative de conceptualiser plus finement la notion sociologique de « communauté », en ayant recours à des diverses dimensions hétérogènes et ambiguës (spatiales, écologique, démographiques, sociales et culturelles) ne permet pas vraiment de conclure à l'objectivité « scientifique » de cet objet. Il est clair que les différents critères relevés se prêtent à bon nombre d'interprétations et de discussions, dont l'aspect quantitatif n'est que le plus symbolique : un village de 200 habitants ne formerait donc pas une « communauté », alors que celle-ci pourrait définir l'unité d'un groupe de 20 000 personnes. On voit mal comment cette dimension pourrait être compatible avec la valorisation des liens dits « communautaires », notamment sur leur indéfectible versant de connaissance et de confiance interpersonnelles.

## B) LA « COMMUNAUTÉ LOCALE » ET LE « MILIEU NATUREL » : CONTINUITÉ OU SÉPARATION ?

Si dans les années 1970 la « communauté locale » reste largement définie selon les orientations précisées un siècle plus tôt par la sociologie de Tönnies, confondant dans une naturalité collective les liens interpersonnels familiaux, affectifs et vicinaux, l'augmentation constante des associations et des groupes militants ancrés dans la société civile va progressivement contraster avec l'affaiblissement de la famille nucléaire « traditionnelle » comme fondement de la structure sociale. De plus en plus, le « communautaire » désigne alors un « secteur » et un mode de regroupement militant, alors que le réseau « naturel » persiste à incarner les liens familiaux et la coexistence en un lieu donné. À travers les discours publics émerge la pertinence d'une « individualisation » des problématiques axées sur le libre épanouissement personnel et l'expression subjective, alors même que s'intensifient les revendications d'égalité entre semblables dans une société ouverte à la concurrence et à la compétition.

La dialectique entre la désagrégation des communautés locales et la remobilisation communautaire se joue dans la consonance des deux finalités appelées à se renforcer l'une l'autre : intégration et autonomie. Plus d'une quinzaine d'années après le Rapport Castonguay, dans un contexte certes fort différent, cette insistance sur le rôle des communautés au croise-

---

3. Voir pour une première approche des difficultés liées à ce concept : Cuche (1996) et *Anthropologie et Sociétés* (2004).

ment de l'intégration sociale et de la liberté subjective ne se présente guère différemment, appelant au « renforcement de l'autonomie des personnes, des réseaux naturels et des communautés » (Gouvernement du Québec, 1988 : 449)[4]. Au-delà des transformations majeures de l'ère industrielle, les constantes de la destinée humaine résistent, et l'État tient à les rappeler et les assurer : l'individu évolue toujours dans un lieu physique et social (famille, école, travail, parenté et voisinage forment l'entourage immédiat de tout sujet), ainsi que dans certains « éléments sociaux » (lois, système scolaire, monde du travail, croyances et idéologies). Les variations peuvent certes être importantes selon les classes sociales, les groupes ethnoculturels ou les régions, mais « l'absence ou la carence de soutien de la part de ces réseaux naturels constitue un premier critère qui fait de l'intégration sociale un problème social fondamental » (*ibid.* : 116). Si l'intégration sociale était « naturelle » du temps de la société traditionnelle et des structures d'encadrement hiérarchique, elle devient problématique au sein de la modernité industrielle, appelant une « ré-intégration » communautaire, selon l'« influence indiscutable du réseau naturel et du soutien social sur la santé mentale et ses effets plus discrets sur la santé physique » (*ibid.* : 127) : « dans la société québécoise traditionnelle, c'est dans la famille, le voisinage ou la paroisse qu'on trouvait les premières ressources pour orienter la personne et l'aider à faire face à ses problèmes et à satisfaire ses besoins. D'autres types de solidarité ont pris le relais. Maintenant des personnes et des collectivités se mobilisent autour de nouvelles formes d'entraide et de services. Même si ces ressources dites communautaires peuvent jouer un rôle déterminant, elles n'en ont pas moins certaines limites qu'on ne saurait ignorer ». Ces limites quant à l'aide de « proximité », qu'elle provienne des personnes de l'entourage immédiat ou des associations locales, peuvent se révéler ponctuellement dirimantes : les aidants ont évidemment leurs propres problèmes, qui les empêchent parfois de fournir un soutien adéquat ; ils n'ont pas toujours, malgré leur bonne volonté, les connaissances requises afin de résoudre des difficultés potentiellement très lourdes ; le problème peut s'avérer enfin trop personnel pour être géré par des personnes avec qui l'on entretient des relations quotidiennes. D'où la nécessité d'un recours « hors entourage », qui dans la période moderne se traduit par l'émergence de la vocation providentialiste de la puissance publique.

L'intervention de l'État s'est en quinze ans (du début des années 1970 au milieu des années 1980) évidemment largement accrue afin de pallier la disparition des soutiens « traditionnels », ce qui ne va pourtant pas sans poser de nouvelles questions. En effet, dans leur rapport aux services de santé et services sociaux, les personnes seraient trop souvent perçues

---

4. Il s'agit du rapport de la Commission Rochon, cité ici comme : Gouvernement du Québec (1988), *Rapport de la commission d'enquête sur les services de santé et les services sociaux* (Commission Rochon), Québec, Publications du Québec. Les citations suivantes sont extraites de ce document.

(et se percevraient elles-mêmes) comme consommatrices, clientes, usagères, dans un rôle quasi uniquement passif, au détriment de leur potentiel
d'autonomie. Le Rapport Rochon recommande donc un recentrement sur
la personne, mais « la personne existe et agit à travers un réseau de relations sociales formé de parents, d'amis, de voisins, de compagnons de
travail. Elle peut y faire appel de façon immédiate et naturelle en cas de
besoin. Parmi ces ressources, la famille occupe la place centrale, mais non
exclusive. Au sein de la famille, les femmes assument encore la responsabilité la plus lourde dans la relation d'aide. » (*ibid.*: 450) Les références
au réseau « naturel », alors que ce dernier se trouve gravement remis en
question dans la modernité individualiste, se présentent désormais comme
en parallèle au recours communautaire : « Si la personne peut compter sur
elle-même et sur son réseau naturel, elle peut aussi faire appel au secteur
communautaire qui pourra lui offrir des services plus structurés. » (*ibid.*:
451) Mais les ressources de la personne, du réseau naturel et des organismes communautaires ne doivent pas être surestimées : « Sans aide professionnelle adéquate, réseau naturel et famille seront rapidement débordés,
ce qui les amènera à se décharger complètement et à faire appel au réseau
public qui verra s'accroître son fardeau. Il faut ajouter que les communautés n'ont pas toutes le potentiel qui leur permettrait de donner naissance
à des ressources de type communautaires. Certaines communautés sont
plus dynamiques que d'autres, mais ce ne sont pas toujours celles où les
besoins sont les plus grands. Il faut donc se garder d'angélisme lorsque l'on
se réfère aux capacités d'autonomie des personnes et au soutien qu'elles
peuvent obtenir de leur entourage ou de la communauté. » (*ibid.*: 452) Il
est pourtant demandé aux communautés locales d'assurer la prévention de
trois types de problèmes sociaux prioritaires (la violence faite aux personnes, la déviance et la mésadaptation sociale, et surtout « l'absence de réseau
naturel de soutien à l'intégration sociale » (*ibid.*: 686) : « la contribution de
la communauté et du milieu naturel est constamment sollicitée pour aider
les personnes en difficulté ». (*ibid.*: 690) Le rôle de l'État consiste à favoriser le développement de l'autonomie des personnes et des collectivités « en
les rendant aptes à développer leur potentiel, en facilitant l'expression des
besoins et des intérêts auprès des centres de décision, en soutenant les réseaux naturels et communautés, en adaptant l'environnement aux situation
propres à des clientèles particulières » (*ibid.*: 690). En arrière-fond de cette
rhétorique pointe une volonté explicite pour l'État de « responsabiliser » la
société civile (la « communauté ») (Helly, 1999 ; Saillant et Gagnon, 2001 ;
Giroux, 2001 : 95) tant dans ses composantes « naturelles » que dans ses
organismes associatifs, tout en évoquant la nécessité de la soutenir lorsque
ses défaillances dans son rôle d'intégration et de normalisation sociales
apparaissent par trop patentes.

Dans le document de 1992 qui fixait les priorités de « la politique de santé et du bien-être » sont ainsi présentés les facteurs explicatifs de la délinquance, qui seraient certes pour partie individuels (faiblesse psychologique, inadaptation scolaire, influence des pairs délinquants), mais également familiaux (mère jeune et monoparentale, présence d'alcoolisme et de toxicomanie dans l'entourage familial), sociaux (pauvreté, hétérogénéité ethnique, insuffisance des services, des contrôles et de la protection), et même justement « communautaires » (« désorganisation sociale, faiblesse des équipements sociaux, de loisirs et culturels, présence d'un milieu criminel et de bandes antisociales » : Gouvernement du Québec, 1992 : 43). Il convient de souligner le peu de cohérence théorique du facteur « communautaire », qui se ramène à une foule de points déjà évoqués dans les autres catégories, comme le « social » (désorganisation sociale, faiblesse des équipements sociaux, de loisirs et culturels) ou l'« individuel » (présence d'un milieu criminel influent). La taxinomie donne seulement l'impression de ramener le « communautaire » au « local » (c'est-à-dire à la dimension du quartier et de la « rue »), l'école, la famille ou le revenu étant renvoyés quant à eux à des aspects autres de l'existence « sociale ». De leur côté également, les « communautés ethniques de quartiers défavorisés » et les « communautés autochtones » subissent plus de délinquance : le gouvernement propose donc d'« investir davantage dans des ressources souples d'hébergement dans la communauté » (*ibid.* : 45). La polysémie du terme favorise un emploi doublement stratégique, puisque la communauté constitue en quelque sorte toujours à la fois le problème (désorganisation sociale, délinquance, atomisation) et la solution (ressources pour l'intégration et l'autonomie personnelles).

Le rapport au local, s'il s'affaiblit proportionnellement à la généralisation de la notion de « communauté » pour tout regroupement associatif ou toute identité collective, n'est pourtant pas totalement délaissé, puisque les « priorités nationales de santé publique 1997-2002 » font encore largement appel à la « communauté enracinée ». L'État doit « s'engager davantage auprès des communautés » (Gouvernement du Québec, 1997 : 26) : « c'est dans les villes, les quartiers, les villages..., bref, dans les communautés, que sont quotidiennement vécus les problèmes liés à la santé et au bien-être et qu'une multitude d'initiatives voient le jour pour améliorer les milieux et les conditions de vie. De nombreux leviers d'action permettant d'agir efficacement et de façon durable sur les déterminants de la santé et du bien-être se trouvent également dans les communautés. » (*ibid.* : 26) D'où la nécessité d'encourager des dynamiques dites « communautaires », étant entendues sous ce terme les équipes de santé publique sur le terrain, impliquées avec les CLSC. S'engager auprès des communautés signifie « travailler en étroite collaboration avec les décideurs locaux et régio-

naux et les autres acteurs des communautés», «appuyer les organismes des
communautés et les CLSC dans leur participation à des initiatives communautaires et au développement local» (*ibid.*: 27). C'est donc un appel aux
«mobilisations» de communautés locales en rapport aux inégalités sociales
de santé et de bien-être: il faut «soutenir la solidarité sociale et l'entraide
communautaire, qui peuvent réduire l'influence des conditions de vie sur
la santé et le bien-être», «faciliter l'action des organismes de la communauté qui travaillent à l'atteinte d'une plus grande autonomie des personnes
en situation de pauvreté» (*ibid.*: 28), comme le réseau québécois «Villes et
villages en santé», «un exemple de mobilisation et d'engagement auprès
des communautés» (*ibid.*: 29).


## C) LA «COMMUNAUTÉ LOCALE» COMME ACTEUR AMBIGU DE LA DÉSINSTITUTIONNALISATION

La notion de «communauté» comme incarnant le milieu de vie local
des personnes s'est trouvée largement mobilisée au moment où s'est im-
posé le processus dit de désinstitutionnalisation, touchant tout particulièrement les personnes présentant des déficiences intellectuelles ou encore les
individus pris en charge pour des problèmes de santé mentale. En 1985, et
ce, pour de multiples raisons tant idéologiques, politiques qu'économiques
se trouve nettement affirmée la nécessité pour ces personnes de sortir du
réseau étatique de santé comme unique destin, à travers une réinscription
de leur existence dans un cadre de vie posé comme «naturel»: «Puisque
la santé mentale est le résultat d'un processus dynamique d'adaptation
de l'individu à son milieu, dans un processus de croissance et d'actualisation, le premier responsable est donc l'individu et le deuxième, le milieu:
famille, amis, voisins, groupes communautaires, milieu de vie.» (Document
de consultation, 1985: 13) La «communauté» se voit réactivée comme sujet
d'action concernant les personnes en santé mentale notamment, évidemment par l'intermédiaire des groupes qui la représentent, mais également
comme «contribuable», comme source de financement du système: «La
communauté n'a plus d'espace dans ce système où toutes les ressources
sont concentrées dans les services spécialisés. La population qui finance
des services en réponse à ses besoins se voit dépossédée non seulement de
ces ressources, mais également de son droit de regard et de parole.» (*ibid.*:
28) Clairement, il s'agit – contre le règne de l'expertise et de la technocratie
étatique – de reprendre le contrôle collectif des systèmes de soins, mais
également des normes et des buts à atteindre à travers la mise en place de
ces soins: il faut «développer un continuum de services communautaires
et institutionnels», «développer une intervention communautaire en santé
mentale», ou encore «*communautariser le système de santé mentale*» (*ibid.*: 29).

Dans cette approche, l'État se trouve placé en «vis-à-vis» de cette dynamique de réappropriation, non pas tant comme opposant explicite (puisqu'il l'inspire ou tout au moins prend acte de sa légitimité) que comme intervenant malhabile, qui a fauté involontairement malgré ses bonnes intentions de départ, notamment parce qu'il a indirectement favorisé la «déresponsabilisation» des citoyens (il faut noter la proximité avec une critique d'obédience néolibérale qui constitue depuis les années 1980 l'un des arguments les plus courants dans les débats politiques). On lui reproche un «manque de support [sic] aux familles, aux proches, de même qu'une attitude ambivalente devant les initiatives de la communauté» (Comité de la politique de santé mentale, 1987: 19), on signale que «en même temps qu'elle a permis d'assurer une meilleure accessibilité aux services et une meilleure équité dans la distribution des ressources, l'intervention massive de l'État a cependant limité la contribution des individus, des familles, des groupes et des communautés locales à la solution de leurs difficultés. La monopolisation par l'État des lieux de définition des priorités, des modes de dispensation [sic] des soins et des services ainsi que des mécanismes de contrôle, a contribué à priver progressivement le citoyen souffrant de problèmes mentaux de la capacité d'entraide des familles et des communautés» (ibid.: 42).

Dans ce cadre, et à la suite des études pionnières de Tönnies et de la tradition sociologique opposant communauté à société, on peut dire que les deux concepts sont opposés afin de favoriser une réhabilitation de la première à l'encontre de la seconde, à rebours de l'évolution historique qui par l'émergence de l'État-Providence (universalité, individualisme, contractualisation, égalité) aurait consacré la prééminence de la «société» sur la «communauté» (hiérarchisée, religieuse, normative, exclusive). Et ce, considérant que les deux «espaces» (communauté comme localité, proximité, entraide vs société comme égalité, anonymat, impersonnalité) sont représentés par deux «institutions» principales: l'organisation communautaire vs l'État. L'intervention de l'État est considérée alors comme focalisée sur le critère d'intégration alors que lui sont simultanément reprochés la dépendance et l'assistanat des populations envers la puissance publique, au détriment de leur autonomie propre. La désinstitutionnalisation nécessiterait au contraire un support [sic] approprié pour le «maintien dans la communauté» (ibid.: 24): il faut «donner plus d'espace et de moyens aux personnes dans le besoin, aux familles et proches, aux intervenants de même qu'aux communautés tant locales que régionales.» (ibid.: 44) C'est le concept de «partenariat»[5] qui doit permettre d'inspirer l'État quant à ses

---

5. Pour ce concept qui constitue la pierre d'angle du «virage communautaire», voir parmi une littérature abondante les excellentes mises au point de Caillouette (2002) et Nélisse (1994). Pour Caillouette, la problématique du partenariat se présente comme un renouvellement des rapports entre État et société civile, notamment par l'entremise d'une reconnaissance institutionnelle. Se

réponses aux «initiatives du milieu». Le redéploiement des efforts en santé
mentale doit s'effectuer «pour rejoindre à la fois la personne, son milieu
de vie qu'est la communauté ainsi que l'environnement plus général qu'est
la société» (*ibid.*: 49). Cela conduit à faire la promotion d'une «approche
communautaire qui favorise en priorité:

- la recherche de solutions dans le milieu de vie de la personne,
- une association étroite avec ce milieu,
- l'adaptation aux caractéristiques spécifiques des communautés
  locales et de leurs membres» (*ibid.*: 50).

La nature ambiguë de la communauté se trouve parfois remarquablement soulignée, notamment dans ce document intitulé *Pour un partenariat
élargi*, qui tente de définir un «projet de politique de santé mentale pour
le Québec». On n'y cache pas le rôle «négatif» joué par la communauté
en tant qu'elle se montre rétive à une réintégration des personnes ayant
des difficultés d'ordre mental dans leur milieu «naturel», censé justement
être une «communauté de vie». Même si elle est identifiée comme source
de progrès, par exemple à travers l'activisme des groupes communautaires,
c'est surtout en tant qu'origine du problème (vecteur d'insensibilité, d'intolérance et de résistance) qu'elle se distingue: «En santé mentale, la question
de la communauté est paradoxale. Cause de certains problèmes, résistance
face à la présence de malades mentaux en son sein, engagements concrets
qui s'y profilent sont autant de situations qui font que la communauté ne
peut être abordée selon un schéma homogène.» (*ibid.*: 77) Et plus loin: «Il
reste beaucoup à faire pour sensibiliser la population à la condition des
personnes aux prises avec un problème d'ordre mental. La démystification
de la maladie mentale constitue certes une voie à emprunter pour atténuer
la résistance même de ces personnes dans la communauté.» (*ibid.*: 78) On
y défend même le recours à l'utilisation des médias «dans la perspective
d'une plus grande tolérance chez les différentes communautés à l'égard
des personnes souffrant de troubles mentaux» (idem). Mais le document

pose alors toujours la question de savoir si l'espace partenarial marque le déclin ou la reviviscence
du mouvement communautaire. Pour l'auteur, les partenariats «constituent le lieu de nouvelles
pratiques d'action, de nouveaux savoir-faire à incorporer au répertoire d'actions des organismes
communautaires» (2002: 82) mais il faut distinguer et articuler deux pratiques de relation: les
pratiques d'articulation identitaire (affirmation comme mouvement social) et partenariales (rapports à l'État). Les partenariats doivent alors être conçus comme des «dispositifs d'interface pour
contrer les logiques d'atomisation, de ghettoïsation et de fragmentation de l'action et des acteurs
sur les territoires» (*ibid.*: 90). Ils représentent «un espace de réforme institutionnelle, un lieu de
légitimation et d'actualisation du discours communautaire sur la société» (*ibid.*: 91). Pour Nélisse,
le partenariat incarne une «forme émergente de gestion mixte et disséminée du social» (1994: 183)
et ne s'impose pas comme une politique à prétention rationnelle et planificatrice mais comme «une
pratique, un système d'action concret où les parties prenantes *s'obligent* à interagir comme si elles
étaient égales, parce qu'également concernées de fait» (idem). Une égalité conventionnelle qui
suppose donc une «déformalisation de l'État» et une «formalisation des partenariats dans l'action
commune.» (*ibid.*: 184)

place surtout espoir dans le «potentiel d'intervention de la communauté»: «L'existence d'une multitude de formes de regroupements, d'expressions, de structures sociales primaires et de champs d'intérêts impose certains éclaircissements quant au sens du terme communauté de même qu'au contenu souvent énigmatique et même conflictuel auquel il fait référence. Désigner la communauté comme acteur en santé mentale, c'est lui reconnaître la responsabilité d'un rôle et surtout lui concéder l'espace nécessaire pour l'exercer.» (*ibid.*: 78-79) Cet espace potentiel permettant à la communauté la possibilité de jouer un rôle actif doit engager à délimiter les caractéristiques de ce rôle, surtout apprécié en fonction de l'autonomie qu'il suppose favoriser. Il s'articule en premier lieu autour de la valeur informelle d'entraide, «moyen d'action qui prend naissance dans les communautés, un moyen qu'elles se donnent et qui ne peut être régi par aucun code extérieur» (*ibid.*: 79). Mais l'équilibre doit être préservé entre «un réseau informel d'entraide et de support défini et maintenu majoritairement par la communauté, à la mesure de ses capacités» et «un réseau public de services largement exigé par les besoins de ces mêmes communautés» (idem).

C'est un autre exemple de cette équivoque constitutive du recours à la communauté dans le processus de désinstitutionnalisation que représente l'«impératif humain et social» de «l'intégration des personnes présentant une déficience intellectuelle» envisagée à partir de 1988. L'énoncé général de ce document consiste en l'affirmation que «les personnes présentant une déficience intellectuelle devraient pouvoir bénéficier d'une vie active et intégrée à la communauté», ce qui juxtapose les notions de la «communauté» comme milieu de vie et comme appartenance collective, la participation locale devenant synonyme d'intégration à la société dans son ensemble. L'État doit donc développer les mesures de protection nécessaires à l'épanouissement de ces personnes et s'assurer «que les activités communautaires essentielles aux relations humaines soient présentes et facilitent leur intégration sociale» (Gouvernement du Québec, 1988b: 7). Selon un changement sinon de catégorisation du moins de qualification, l'identification des personnes présentant des déficiences intellectuelles passe de la maladie ou du trouble mental qui les atteint à une lenteur d'apprentissage et à une faible autonomie caractérisant certains moments de leur existence. Ce basculement permet un déplacement de la notion de responsabilité: jadis, les malades eux-mêmes par leurs diverses incapacités; hier, l'État en tant que soutien essentiel; aujourd'hui, la communauté en tant qu'espace d'existence: «La communauté est ainsi identifiée comme responsable de la mise en œuvre de mesures visant à adapter ses activités aux besoins de ces personnes. Les efforts de la collectivité et de ses institutions devraient les aider à développer leurs capacités et les supporter [*sic*] dans l'exercice de leur autonomie.» (*ibid.*: 9) La dynamique de désinstitutionnalisation (dite aussi «mouvement d'intégration sociale») a été mise en place pour «réinté-grer les personnes dans la communauté» (*ibid.*: 11).

Les principes directeurs du projet s'articulent autour d'une présomp-tion de compétence de la personne, d'une promotion de son autonomie, de son implication, de celle de ses parents ou de son représentant, d'une promotion de la responsabilité parentale, de «l'implication de la commu-nauté» ainsi que de celle de l'État. La communauté se trouve donc enjointe à l'intervention, car elle est «*naturellement*» légitimée: «La communauté possède le potentiel naturel lui permettant à la fois de supporter [*sic*] la personne dans son intégration et dans sa participation à la vie sociale et de contribuer à son bien-être. La communauté et la personne améliore-ront ainsi leur qualité de vie» (*ibid.*: 14). On aperçoit ici que les deux axes «intégration vs anomie» et «autonomie vs dépendance» sont confondus au point de faire apparaître l'un comme la cause, voire la condition de l'autre: la communauté fournit le soutien intégrateur qui permet à la per-sonne de devenir autonome (et au contraire l'isolement social renforce la dépendance à l'égard de l'institution étatique). Ce double «processus» est présenté sur fond d'une conception «sociologique», mais l'aspect spéci-fiquement «communautaire» (vs «social») de cette trajectoire reste flou. Ainsi, les orientations préconisées insistent sur la valorisation des rôles sociaux (capacités personnelles et image sociale), notamment par l'«inté-gration sociale» selon trois aspects: un aspect physique (les mêmes lieux de vie que pour toute autre personne), un aspect fonctionnel (la possibilité d'utiliser les services, les lieux et les équipements collectifs mis à la disposi-tion de tous), et enfin «un aspect communautaire qui consiste à bénéficier de relations variées et de qualité avec d'autres personnes ainsi qu'à avoir des relations affectives privilégiées, bénéficier d'une intimité et avoir accès à des rôles et des statuts civiques valorisés» (*ibid.*: 15). Ici, l'aspect «commu-nautaire» se présente sous la forme d'une sociabilité intégrée dans un mi-lieu de vie, et connote de façon positive l'appartenance à des lieux de taille réduite caractérisés par des valeurs collectives (entraide, solidarité, com-préhension). Mais l'équivoque s'avère patente, puisque sont juxtaposées des «relations de qualité», de l'affectif, une intimité personnelle, mais aussi l'intégration participative et citoyenne: comme si l'intégration à la «com-munauté» allait en soi résoudre tous les problèmes qui se posent à la per-sonne vulnérable. Il faut souligner la récurrence des expressions comme «participation à la communauté» (*ibid.*: 19, 21, 35), «intégration dans la communauté» (*ibid.*: 19, 21, 31, 41) et «maintien dans la communauté» (*ibid.*: 20, 22) qui indiquent la nature de cette communauté comme milieu de vie à la fois physique et moral, lieu et condition de l'existence autonome de l'individu par les ancrages et les ressources qu'elle rend disponibles.

Ce «milieu naturel» communautaire qui n'est pas si «naturel» que pensé et affirmé par le discours public, ni aussi «communautaire» qu'imaginé ou désiré, réapparaît néanmoins ponctuellement comme rappel de la réalité sociale et de sa résistance à la prescription morale normative de la solidarité et de l'entraide: si les services doivent «combler l'écart entre les capacités de la personne et le degré d'autonomie qu'exige la vie dans la communauté», c'est bien parce que «l'intégration de la personne handicapée est compromise sans un accueil de la communauté et un accès aux services généraux. La communauté doit adopter une attitude positive» (*ibid.*: 17). Imperceptiblement, le réquisit *normatif* (sur le mode d'un devoir-être moral) se substitue à l'énonciation descriptive (la communauté «*est*» un espace d'épanouissement pour la personne désinstitutionnalisée). D'où également la nécessité d'une «évaluation de la réceptivité de la communauté (population, municipalité, commissions scolaires, etc.) à l'égard de l'intégration sociale des personnes présentant des déficiences intellectuelles» (*ibid.*: 30). Pour la démarche d'intégration sociale, il faut entre autres «préparer de façon adéquate la personne qui réintègre la communauté», mais surtout «préparer la communauté, principalement les groupes communautaires, par des activités de sensibilisation et d'information afin d'accroître la réceptivité du milieu et de changer les attitudes négatives envers la personne présentant des déficiences intellectuelles» (*ibid.*: 31). Les organismes communautaires (garderies, écoles, centres de loisirs) doivent adapter leurs services aux personnes en phase de désinstitutionnalisation, notamment avec la possibilité de leur offrir «un milieu résidentiel en communauté», mais il convient également d'«assurer un service de support [*sic*] à la communauté» (*ibid.*: 33), regroupant ici dans leurs interventions quotidiennes les parents, les ressources résidentielles et tout le personnel.

Le milieu «naturel» se révèle donc loin d'être naturel de façon évidente[6], puisqu'il doit être «soutenu» et «encadré»: «le tiers [des personnes hébergées] serait en mesure de vivre dans la communauté, si on fournissait de l'aide et de l'encadrement» (Gouvernement du Québec, 1989: 15). La *politique de santé mentale* de 1989 insiste par exemple sur ces deux points complémentaires: la communauté est un «milieu de vie» essentiel quant à l'intégration sociale (en ce qui concerne les services disponibles et la solidarité collective), mais ce dernier n'est vivable que par l'intervention soutenue des groupes communautaires, à l'encontre des résistances de toutes sortes (y compris et surtout celles provenant de la «communauté»!). Ainsi, d'une part, «toutes les formes d'intervention en santé mentale doivent rechercher des réponses adaptées aux caractéristiques spécifiques de chaque communauté et de ses membres. Elles doivent être élaborées en étroite association avec ce milieu et favoriser le maintien dans le milieu de vie

---

6. On n'ose pas dire ici – et pourtant cela s'imposerait – : la communauté n'est pas «naturellement naturelle»...

et la réintégration sociale des personnes. [...] Différents types de services ont déjà été mis en place au sein des communautés et par elles. Certains groupes se sont orientés vers la promotion et la défense de droits. Des personnes ayant été confrontées à des situations pour lesquelles elles ont tenté de trouvé des solutions fournissent aide et support. Enfin, d'autres groupes fournissent des services selon des approches novatrices dans les milieux de vie des personnes » (*ibid.*: 25). Plus loin : « Favoriser le maintien et l'intégration suppose la disponibilité d'une gamme de services près des milieux de vie et adaptés aux besoins des personnes et à leur condition. Cela suppose également une réceptivité accrue des communautés à l'égard des personnes souffrant d'un problème d'ordre mental. » (*ibid.*: 26) Mais, d'autre part, en opposition aux visions idéalisées d'une communauté synonyme d'accueil solidaire et d'empathie fraternelle, il faut accentuer l'action nécessaire des groupes communautaires pour la promotion, le respect et la protection des droits, action qui seule peut favoriser « la collaboration de la communauté et son support [*sic*] aux personnes qui la réintègrent. » (*ibid.*: 40)

L'ambiguïté profonde nourrie par le recours récurrent à la notion polysémique de « communauté » se dévoile également à travers ce passage particulièrement significatif : « La communauté représente aussi un partenaire important, notamment dans la prévention des problèmes et la réintégration sociale des personnes. Son rôle ne peut être réglementé. Tout au plus peut-il être favorisé de deux façons : en consacrant des efforts pour accroître la réceptivité des communautés envers les malades mentaux ; en soutenant adéquatement les initiatives communautaires. » (*ibid.*: 27) Dans la même phrase on fait mention de « l'autonomie » essentielle des « communautés » (locales ? identitaires ? sociopolitiques ?) et de leur rôle à la fois « non réglementé » (donc informel, non susceptible de contrainte publique et relevant plutôt des mœurs), mais « à favoriser » (sans doute par une politique de sensibilisation), et l'on signale par ailleurs le statut négatif de communautés (quartiers, majorité morale) réticentes à l'intégration sociale de personnes vulnérables, ainsi que l'activité fondamentale des groupes communautaires concernant cette même intégration. Le terme est donc sujet à tous les emplois les plus contradictoires, adoptant successivement et imprévisiblement les quatre idéaux-types qui nous servent de balises dans l'éclaircissement de cette récurrente ambiguïté.

Lorsque l'on passe à la fin des années 1990, cette équivoque constitutive se trouve loin de disparaître. Au contraire, elle s'enracine encore plus nettement dans la dualité entre une perspective à prétention purement descriptive (la « communauté » comme milieu de vie, avec des ressources et des services « communautaires » susceptibles d'améliorer l'intégration sociale des personnes) et une orientation à soubassement normatif (la « communauté » comme lieu non étatique de solidarité et de reconnaissance contre les discriminations et stigmatisations, porteuse d'organisations militantes soutenant les droits et revendications des personnes). Si «comme la plupart des études le montrent, la majorité des personnes atteintes de troubles mentaux sévères vivent maintenant dans la communauté et désirent y demeurer» (Gouvernement du Québec, 1997b: avant-propos), néanmoins «la transformation vers un système de services dans la communauté ne s'est pas véritablement réalisée. [...] les usagers et usagères, de même que différents regroupements de la communauté, nous ont aussi rappelé que les ressources actuelles sont peu diversifiées» (*ibid.*: 1): «Le succès de la transformation du réseau actuel repose sur la capacité d'offrir à cette population des services dans la communauté qui facilitent l'intégration dans la société et qui amoindrissent le recours à l'hospitalisation.» (*ibid.*: 13) Est proclamé le caractère indépassable du «suivi intensif dans la communauté» proche de l'*US Program for Assertive Community Treatment* (*PACT*) et consistant à intervenir de façon proactive dans le milieu de vie des «clientèles» pour les aider à acquérir les ressources matérielles de base (logement, nourriture, vêtement et soins), favoriser le développement de l'autonomie personnelle, soutenir et informer la famille et l'entourage. Il s'agit donc d'offrir une large gamme de services dits «dans la communauté» aux personnes visées (accès au logement et réponse aux besoins de subsistance, intervention de crise en tout temps, maintien de l'accès aux traitements, accès à des services de réadaptation et activités de soutien aux familles et aux proches), des outils de nature «à soutenir adéquatement le développement optimal de leur potentiel et leur processus d'intégration sociale, en collaboration avec les différents acteurs de la communauté.» (Gouvernement du Québec, 2001: 13) L'histoire de la désinstitutionnalisation a ainsi été récemment retracée comme un «retour à la communauté»: «Avec le courant prônant la normalisation puis la valorisation des rôles sociaux, les services d'hébergement institutionnels, en particulier ceux des CRDI, ont été transformés en services externes offerts dans la communauté.» (*ibid.*: 17)

Les personnes présentant des déficiences intellectuelles ne sont par ailleurs jamais présentées comme composant une «communauté», car on préfère souligner le pluralisme interne de cette catégorisation, la multitude de réalités comprises dans la «déficience intellectuelle», qui concerne 3 % de la population: «On parle de déficience intellectuelle lorsque des limites intellectuelles et adaptatives affectent la capacité de la personne à faire face aux défis de la vie quotidienne dans sa communauté.» (*ibid.*: 29) Cette communauté qui est le cadre de la vie quotidienne peut être plus ou moins décrite: «Les enfants et les adolescents présentant une déficience intellectuelle ont besoin de soutien pour développer leur potentiel et de stratégies compensatoires de fonctionnement pour pallier leurs limites et ainsi atteindre leur niveau maximal d'autonomie au sein de leur communauté, c'est-à-dire dans leur famille, à l'intérieur de leur milieu de garde, à l'école, au centre de loisirs, etc.» (*ibid.*: 34) Ici, la «communauté» incarne un milieu de vie englobant, puisque intégrant les relations familiales et quasiment tous les rapports interpersonnels (en «face à face») vécus par l'enfant. Par contre, sont évoquées les personnes issues «de communautés ethnoculturelles» (*ibid.*: 36), et la nécessité de tenir compte de leur langue et de leur culture, notamment dans la préparation du plan individualisé. La plus grande responsabilisation des familles entraîne un besoin de soutien important: répit, aide psychosociale, assistance, accueil, garde, école. La compréhension de la participation sociale de la personne présentant des déficiences intellectuelles fait appel à la notion de «réseau social»: identité sociale, soutien émotif, aide concrète ou matérielle, nouveaux contacts sociaux, maintien de l'intégrité physique ou psychologique. L'implication normative du recours au «communautaire» se trouve particulièrement mise en évidence comme type politique d'action sur la société: «L'une des approches pouvant être utilisée dans la prestation des services est l'approche communautaire. L'approche communautaire, issue d'un courant visant à renouveler les pratiques sociales, replace les personnes et les communautés au centre de l'action. Fondamentalement, elle implique des choix de valeurs, des objectifs visant certains changements sociaux et des stratégies d'intervention particulière.» (*ibid.*: 46) Mais la personne au centre de l'action, «est un membre à part entière de son environnement: famille, communauté et société» (*ibid.*: 48). Encore une fois, se retrouvent juxtaposées les ordres normatifs («le communautaire») et descriptifs («la communauté»), ce qui permet de légitimer une pratique politique en l'inscrivant dans une réalité considérée comme «donnée». C'est la conceptualisation sociologique d'une «communauté» comme ensemble collectif de proximité, de compréhension et de solidarité qui cautionne la responsabilisation de la «communauté» comme collectivité locale, son intervention politique comme «organisme communautaire» et son devoir social comme «communauté nationale».

À travers la description des services rattachés à la notion de communauté, il est clair qu'elle se trouve alors censée définir ce milieu de vie local, cet environnement quotidien tissé de rapports aux institutions tant publiques que privées. Loin d'apparaître comme un recours contre l'étatisation, les services de la «communauté» l'enracinent dans une perception de la «proximité», fût-elle effectuée selon une intervention publique, mais localisée. Ainsi, les personnes présentant des déficiences intellectuelles sont-elles appelées toute leur vie «à utiliser les divers services de leur communauté: bureaux de médecins et cliniques médicales, CLSC, centres hospitaliers, centres de loisirs, services de garde, écoles, pharmacies, banques, salles de spectacles et de cinéma, commerces, parcs, transports publics, etc.» (*ibid.*: 52). On remarquera l'hétérogénéité des services fournis dans la communauté, tant médicaux (CLSC, médecins), éducatifs, urbains que commerciaux ou culturels (loisirs, spectacles). Par contre, dès que l'attention se recentre autour de l'activité «expressive» de la personne (par opposition aux services qui conservent une fonction instrumentale), la «communauté» prend souvent l'aspect le plus spécifique du bénévolat et de l'entraide, de l'intégration dans des relations interpersonnelles enrichissantes: «fournir à la personne visée le soutien approprié pour qu'elle puisse réaliser des activités valorisantes au sein de sa communauté lorsqu'elle n'est pas sur le marché du travail» (*ibid.*: 59). La «communauté» signifie alors dans ce contexte souvent seulement «hors institution publique», notamment lorsque l'on rappelle l'objectif de la fin des années 1980: «assurer aux personnes présentant des déficiences intellectuelles des milieux résidentiels adaptés à leurs besoins à l'intérieur même de la communauté. Cet objectif impliquait la transformation des ressources internes des institutions en ressources externes pour soutenir ces personnes dans la communauté et pour répondre aux besoins de celles qui n'avaient pas été institutionnalisées» (*ibid.*: 93). Plus loin, il est signalé que «la réinsertion dans la communauté» a mobilisé beaucoup d'énergie et de ressources du réseau, afin que progressivement, l'offre se diversifie au profit «de ressources plus légères et mieux intégrées à la communauté» (*ibid.*: 94): appartements supervisés, familles d'accueil et soutien apporté au domicile familial.

Si l'on observe maintenant la situation d'une autre catégorie spécifique de personnes, à savoir les personnes âgées, on s'aperçoit que se trouve également accentuée cette dimension «locale» de la communauté comme milieu de vie spécifique, vecteur de ressources mobilisables et de relations interpersonnelles tissant l'existence au quotidien. Jusque dans les années 1980, c'est surtout la rupture avec le «communautaire» (sous-entendu: le religieux, la charité) qui est valorisée, rupture synonyme d'une égalisation des conditions grâce à l'interventionnisme étatique et témoignage de la responsabilité de la société envers les personnes âgées. Du fait de l'allongement de la vie, «la société a dû s'ajuster à tous ces changements. Pour y arriver, on est passé du système des solidarités familiales et communautaires (le village) au partage collectif des risques» (Gouvernement du Québec, 1980: 71). Mais les problèmes principaux des personnes âgées sont d'ores et déjà identifiés: manque de ressources financières, perte d'autonomie et rejet social. D'où la nécessité du «maintien du sentiment de sécurité et d'appartenance au sein d'une collectivité: continuité dans la vie familiale, dans la vie de quartier, dans l'intégration à la société» (*ibid.*: 15). La difficulté à vivre convenablement en «milieu naturel» doit pousser l'État à aider le regroupement d'organismes pour les programmes d'entraide (téléphone, visites) au niveau de chaque quartier. Concernant les relations entre «l'État et la communauté» (Gouvernement du Québec, 1985: 28), il est signalé qu'une trop grande intervention de l'État conduit à la dépendance des individus et des groupes envers les services du réseau, entraînant une démobilisation collective et des coûts économiques et sociaux «insupportables» pour l'ensemble de la société. D'où «la nécessité d'une recherche d'équilibre entre l'intervention étatique et les énergies que toutes les communautés sont disposées à consacrer à la satisfaction des besoins des personnes âgées» (*ibid.*: 29). Il s'agit donc de réunir tous les intervenants (bénévoles et salariés du service public) pour envisager des «actions concrètes dans chaque communauté où se retrouvent des personnes âgées et sur une base la plus égalitaire possible» (idem). La dimension privilégiée de la «communauté» envisagée s'avère donc bien ici la «communauté locale», seule base pour la prise en compte d'une amélioration de la situation générale des personnes âgées.

Si la contribution des services publics s'ajoute à celle des autres groupes (les personnes âgées elles-mêmes, leurs familles et les diverses organisations communautaires), on sent poindre pour la première fois la spécificité «culturelle» de la catégorie (qui achemine vers l'émergence d'une «communauté identitaire»), puisque l'objectif central des politiques publiques doit être «le respect de la population âgée dans ses valeurs, ses spécificités, ses capacités, ses modes de vie» (*ibid.*: 33). L'État vise «au niveau de la personne et de la communauté» le développement ou la restauration de l'autonomie de la personne âgée, le maintien ou le retour dans son milieu de vie naturel, «la participation des personnes âgées à la vie de la communauté non à titre de dépendant mais à titre de citoyen à part entière» (idem), objectifs qui représentent les conditions pour une meilleure qualité de vie par l'entremise d'un changement des mentalités et des attitudes à l'égard des personnes âgées. L'intégration de la personne dans la «communauté» doit déboucher sur une plus grande autonomie, révélant par là le caractère radicalement «moderne» de la thématique de la «communauté» comme ressource collective au bénéfice du choix subjectif: «Pour atteindre ses objectifs, le Ministère des Affaires Sociales mise fortement sur l'action des différentes communautés locales, sur la confiance à manifester et le support [*sic*] à accorder aux multiples groupes de citoyens qui, un peu partout et souvent spontanément, en viennent à développer des services simples et essentiels pour les personnes âgées, à donner un sens concret à la notion d'entraide, témoignant ainsi du dynamisme et de l'engagement de leur milieu en faveur des personnes âgées.» (*ibid.*: 37) Le Ministère peut définir les orientations, articuler les mesures et les programmes, supporter le développement d'initiatives communautaires, mais «il ne peut se substituer aux différents milieux pour qu'ils créent chez eux la dynamique nécessaire à assurer aux personnes de leur territoire les meilleures conditions de vie possibles» (idem). Visiblement, l'État conçoit le «recours à la communauté» comme un moyen efficace de remplir les fonctions d'entraide et d'assistance qui lui.étaient dévolues dans la première modernité étatique interventionniste. D'où la nécessité conjointe de quatre éléments: «implication» de la personne âgée et de son entourage, reconnaissance et soutien aux organismes communautaires et aux réseaux d'entraide, développement de solutions de rechange aux services institutionnels, adaptation des ressources institutionnelles aux besoins des personnes âgées.

Le «réseau naturel d'aide» (*ibid.*: 43) se trouve composé de la famille, des parents, des amis, des voisins et des groupes d'entraide (soit les sens «traditionnels» de la communauté au sens «sociologique» de Tönnies). En plus de services concrets, ce réseau accroît les sentiments de sécurité et d'appartenance. Il s'agit donc là aussi, comme pour les personnes dépendantes du fait de déficiences mentales par exemple, d'adopter une «approche communautaire», c'est-à-dire complémentaire au rapport étroit entre la personne âgée et son milieu naturel. Les CLSC sont ainsi convoqués afin de stimuler l'entraide et de «soutenir les groupes et les communautés locales» (idem). Cela passe par la promotion de programmes qui puissent favoriser le maintien de la personne âgée dans son «milieu de vie naturel», permettant ainsi «aux jeunes‚ entre autres, et à la communauté de mieux assumer leurs responsabilité dans la prise en charge de leurs aînés tout en facilitant l'intégration sociale de ces derniers» (*ibid.*: 44). L'État veut suggérer et même promouvoir (par l'intermédiaire des CRSSS) «un certain nombre de moyens réalisables dans et par la communauté pour mieux répondre aux besoins des personnes âgées à domicile» (idem), facilitant le «maintien des personnes dans un milieu le plus intégré possible à la communauté» (*ibid.*: 49): hébergement temporaire, famille d'accueil et pavillon. Tout au long de ce document, il est clair que la référence à la «communauté» engage toutes sortes d'acteurs qui ont pour seul point commun de ne pas être officiellement intégrés à l'action publique, ce qui en fait des ressources potentielles à «mobiliser», à responsabiliser (quitte à les culpabiliser) en parallèle aux interventions de l'État. La «communauté» s'enracine bien dans une réalité géographique (locale: un quartier), mais prend une connotation fortement morale, comme vecteur d'entraide et de solidarité obligatoires, portées par une dimension «affective» source d'engagement et de responsabilité.

L'objectif du document *Vers un nouvel équilibre des âges* (1991) consiste par exemple à dresser un portrait des caractéristiques physiques, psychologiques et socio-économiques des personnes âgées québécoises, à formuler des propositions «visant à favoriser l'autonomie, le fonctionnement optimal et la participation des personnes âgées» (Gouvernement du Québec, 1991: 3), voire à «permettre un fonctionnement optimal des personnes vieillissantes» (l'expression répétée, il faut bien l'avouer, est assez déroutante...). Toute personne d'au moins 65 ans doit être considérée comme une personne âgée, même si elle reste évidemment une personne avant d'être caractérisée par son âge: «Les marqueurs utilisés pour cerner les personnes âgées sont d'origine sociale, économique, culturelle et politique.» Les personnes âgées sont des «citoyens à part entière» (*ibid.*: 7). Leur famille doit être appréhendée comme «milieu d'appartenance immédiat et principale source d'aide naturelle de la plupart des aînés». Par ailleurs, la notion de «communauté» se trouve mobilisée une nouvelle fois en vue de multiples emplois, tant au sens d'environnement physique et social, lieu de ressources et de protection ou organisme militant incarnant les valeurs de solidarité et d'altruisme: «La communauté constitue un milieu social d'appartenance pour la personne âgée. Cette dernière devrait donc y occuper une place et y jouer un rôle qu'elle juge appropriés et significatifs. Réciproquement, la communauté peut constituer un milieu de vigilance privilégié pour prévenir et déceler les problèmes susceptibles de menacer la qualité de vie de la personne âgée qui y habite. Le mouvement communautaire et plus spécifiquement les organismes bénévoles dans lesquels il s'incarne souvent, sont des acteurs qui ont un apport essentiel à fournir en ce qui concerne l'entraide, le soutien ainsi que la défense et la promotion des intérêts des aînés.» (*ibid.*: 8) Mais au-delà d'un simple «espace de vie», lieu où s'inscrivent les activités quotidiennes de la personne âgée, la «communauté» représente également tout ce qui peut la définir en termes d'appartenance, selon l'identité «narrative» tissée tout au long de son existence, ce qui se traduit par l'insistance sur une norme de «continuité» pour la Commission: toute pratique d'intervention visant le bien-être de la personne doit lui permettre de continuer à vivre en conformité avec les choix faits et le mode de vie connu durant la majeure partie de son existence, contribuant ainsi à éviter toute «mise à l'écart, dépendance, dévalorisation» (*ibid.*: 9). L'objectif des politiques est une «possibilité accrue de continuer à participer à la vie familiale, communautaire et sociale» (idem). Il est important de signaler que là encore (comme dans le cas des personnes connaissant des problèmes de santé mentale ou présentant des déficiences intellectuelles), le terme «communauté», contrairement à son utilisation excessivement naturalisée (aspect toujours majoritairement présent), peut connoter des perceptions négatives, comme la violence ou le désespoir: «dans la communauté, les abus les plus fréquents envers les aînés semblent être la fraude, l'intimidation et l'abus de confiance», «tant dans la communauté qu'en milieu d'hébergement la consommation de médicaments chez les aînés est forte» (*ibid.*: 24). D'où la nécessité de mettre «sur pied sur le plan local un programme de solidarité communautaire en concertation avec les principaux acteurs du milieu», une «protection civile en collaboration avec les organismes communautaires» (*ibid.*: 26).

L'accent est cependant mis sur «l'habitat» des aînés, élément essentiel de leur qualité de vie et qui recouvre la fameuse «communauté locale», car les notions ne sont jamais ultimement géographiques, spatiales, mais plutôt morales. On recherche l'«adéquation entre les besoins de la personnes et les caractéristiques de son milieu ambiant ou même l'organisation de son environnement social immédiat (rue, quartier, etc.)» (*ibid.*: 45) et «le droit qu'ont les aînés de pouvoir vivre de façon digne et autonome dans leur communauté nous amène à penser que d'autres options résidentielles doivent être développées ou encouragées afin de répondre à la diversité des besoins de ce segment de la population» (*ibid.*: 46). Le programme d'adaptation du domicile pour les personnes limitées dans l'accomplissement de leurs activités quotidiennes devrait permettre de «favoriser leur maintien dans la communauté» (idem). Il convient d'éviter le regroupement en «ghettos d'aînés», comportant «d'importants inconvénients en ce qui concerne leur intégration et leur participation à la vie sociale et communautaire» (*ibid.*: 49): «Tout doit donc être mis en œuvre afin de permettre à ceux qui le désirent de pouvoir vivre de façon autonome dans leur communauté, en ayant accès facilement, à partir de leur logement actuel, aux services et aux soins que nécessite leur condition.» (idem) Pour les personnes vivant en milieu d'hébergement, «la nécessité de maintien dans la communauté demeure, et puisque ces personnes ne peuvent continuer à vivre chez elles, la résidence ou le centre doit devenir un domicile où la qualité de vie de l'aîné constitue le principal souci des intervenants» (idem). Il apparaît que finalement tout peut donc faire «communauté» comme espace d'habitation, à condition que ce lieu soit source de relations: c'est en ce sens que la «communauté» préserve une connotation axiologique (entraide, solidarité, appartenance, autonomie, respect, etc.), au-delà de toutes les significations «empiriques» différentes que peut prendre le terme. La standardisation des grilles d'évaluation des besoins et des instruments de transmission des informations doit favoriser la création d'une gamme de services «adaptée aux caractéristiques de chaque communauté» (*ibid.*: 66). L'élaboration de plans de services individualisés a pour conséquence que le service public englobe l'ensemble des services requis, dont les «ressources communautaires» (*ibid.*: 67). Les milieux d'hébergement de longue durée («milieux substituts»), souvent peu conviviaux, devraient devenir des endroits «où l'on favorise le maintien des liens avec la famille et la communauté» (*ibid.*: 70), si eux-mêmes ne peuvent devenir des «communautés»: «l'une des raisons fondamentales qui expliquent pourquoi plusieurs milieux substituts ont développé un cadre de vie si éloigné de ceux que l'on retrouve dans l'environnement naturel des personnes est qu'ils ne sont pas suffisamment en contact avec leur communauté, c'est-à-dire avec les gens, les organismes et les institutions qui forment le tissu social du quartier dans lequel ils s'insèrent» (*ibid.*: 72). «L'impératif communautaire» ne touche donc plus seulement les groupes, les organismes et les personnes, mais également les institutions publiques, qui doivent à leur tour s'ancrer dans la «communauté», s'y revivifier afin de fournir des meilleurs services. Comme s'il n'entrait pas dans leurs attributions «publiques» et leurs compétences «normales» de fournir un cadre de vie satisfaisant à leurs «clients» et qu'il faille passer par ce détour «communautaire» pour y parvenir. Il faut donc organiser des «échanges et communications entre le personnel de l'établissement, les personnes qui y vivent et les forces vives de la communauté environnante» (*ibid.*: 73). Par exemple, installer des garderies dans les établissements, des services de réadaptation ou des cafétérias accessibles aux personnes âgées du quartier, favoriser les liens entre résidents et des «associations actives dans la communauté, que ce soit les groupes d'entraide, les organismes de défense des droits, les clubs sociaux, etc.» (idem). Il faut que «les familles et les organismes communautaires concernés soient davantage impliqués dans l'organisation des milieux d'hébergement (ex: assemblées de familles, participation accrue aux activités sociocommunautaires, transport)» (*ibid.*: 74).

Le récent avis «Vieillir dans la dignité» (2001) maintient la nécessité d'une forme de soutien aux personnes âgées «dans leur communauté de vie» (Conseil de la santé et du bien-être, 2001: 5). Un schéma par cercles concentriques organise la vision publique de la problématique: immédiatement autour de la personne âgée et de sa famille, on trouve ainsi la «communauté» (qui comprend les CLSC, les organismes communautaires, les centres, les transports adaptés, les municipalités, les cliniques, les entreprises d'économie sociale, les associations diverses, les médias) puis dans le cercle le plus large, la société (définie selon ses caractéristiques: valeurs sociales, conditions socio-économiques, lois et règlements, normes sociales) (*ibid.*: 11). Dans ce schéma, la «communauté» se trouve au confluent de la «société civile» locale et de l'État décentralisé (les municipalités), uniquement assise sur des valeurs implicites d'aide et de soutien (et non plus, comme on a pu le voir, sur les phénomènes de rejet ou stigmatisation). Le soutien des personnes âgées à domicile participe de leur qualité de vie (état de santé et bien-être, relations familiales et sociales, sécurité, accès aux services et aux soins, conditions économiques et logement) et de leur intégration sociale (milieu de vie adapté, environnement accessible, relations sociales et personnelles, autonomie dans les décisions et utilisation des services populaires). Les valeurs fondamentales des personnes âgées selon le document sont le respect de l'autonomie et la liberté de choix, le droit à l'information et à la participation, le droit à des conditions de vie satisfaisantes (transport, revenu, sécurité), l'accès aux soins et aux services. Le Conseil recommande donc au gouvernement «de favoriser et de soutenir les initiatives de la communauté qui mobilisent et organisent l'affiliation sociale, dont les contributions volontaires utiles des personnes à la retraite (mentorat, bénévolat, action civique et communautaire)» (*ibid.*: 23). Ce nécessaire renforcement de la «communauté locale» s'articule à partir d'une profonde modification de l'avenir démographique de la société:

«Comme dans la plupart des pays industrialisés, l'évolution démographique du Québec entraînera inévitablement des changements profonds dans
tous les aspects de la vie familiale et communautaire.» (Gouvernement
du Québec, 2002: 13) La politique de santé et de bien-être devrait donc
adapter la société au vieillissement de la population «en réorientant notamment les services sociosanitaires de façon à fournir aux personnes âgées les
moyens nécessaires pour demeurer le plus longtemps possible dans leur
communauté, tout en conservant des conditions de vie adéquates pour
elles-mêmes et pour leurs proches» (*ibid.*: 25).

## D) CONCLUSION

Ce premier type de «communauté» en tant que «milieu de vie»
s'inscrit directement dans la conceptualisation initiale de la notion au sein
de la sociologie, une signification reprise en général avec assez peu de recul
par les discours de l'État, d'abord afin de légitimer son intervention visant
à «sauver» les communautés détruites par l'avancée de la «modernité» (industrialisation, individualisation, urbanisation), ensuite en vue de justifier
le «virage communautaire» une fois son rôle prométhéen revu à la baisse.
Cette «communauté» locale, pensée le plus souvent en termes naturalisés
(en relation équivoque de rupture/prolongement des liens familiaux et
affectifs, puisque incarnant à un niveau plus large les mêmes valeurs idéalisées: entraide, soutien, solidarité) a perdu dans les discours publics son
rôle de soubassement à toute vie sociale, fût-ce par une intégration à des
normes contraignantes (l'État «progressiste», accusé de technocratisme et
de bureaucratisme), pour apparaître de plus en plus comme un potentiel
de ressources mobilisables par l'individu afin d'affirmer son autonomie.
C'est le caractère révocable de ces liens et la nécessité de les soutenir qui
engage l'État à y associer les activités «volontaires» et «libres» d'entraide et
de solidarité, en parallèle au déclin d'un agir directement providentialiste
qui ne peut plus croître de la même manière qu'au cours des années 1970.
L'État compte sur le «local» comme réseau «naturel» d'intégration sociale
et facteur d'autonomie individuelle, la «réadaptation dans la communauté», notamment à travers l'exemple paradigmatique des personnes désinstitutionnalisées, se révélant en fait une réadaptation «par» la communauté
(Leblanc et Beaumont, 1987: 3). Tout le discours sur l'autonomie se présente comme un appel à la responsabilité, suivant le désengagement relatif de
l'État face à des «populations jugées dépendantes, mais souhaitées autonomes» (Saillant et Gagnon, 2001: 56): «À mesure que l'État se pense moins
intrusif en favorisant le local et la "communauté", tout en se faisant malgré
tout plus plannificateur, il appelle à une "prise en charge accrue" par les
"milieux", il suppose, voire stimule des modes de collaboration entre des

"acteurs": la famille, le monde associatif et privé et les services publics.» (*ibid.*: 56) Si chacun des acteurs «fait sa part», les personnes malades ou dépendantes pourront vivre «autonomes» dans leur «communauté» et ainsi éviter les ressources «lourdes» comme l'hospitalisation: «La vision communautariste de l'aide est jugée comme un bien et un idéal à poursuivre, notamment parce que la responsabilité n'est plus l'apanage d'un individu ou d'une institution, mais du groupe et de la "communauté".» (*ibid.*: 56) À travers les nécessités d'une «sensibilisation» des communautés avant et durant le processus de désinstitutionnalisation s'impose cependant le rappel des potentialités de «tyrannie de la communauté locale» (Charbonneau, 1998: 122), selon la fermeture de communautés ghettoïsées réalisant un travail constant d'exclusion des «*outsiders*» et d'homogénéisation morale des membres, l'étude empirique des quartiers défavorisés montrant un très haut niveau de conflit dans les relations interpersonnelles, une généralisation de la méfiance et une priorité accordée à l'intérêt personnel, produits par une absence d'identification à autrui et au lieu.

Insensiblement (puisque sous le même terme), le discours public sur la «communauté locale», d'une part, abandonne donc la référence «sociologisante» à une communauté «traditionnelle» close, homogène, moralement intégrée, d'autant plus que s'exacerbent les signes de sa radicale mutation (transformations du modèle familial, travail féminin, mobilité professionnelle, pluralisation des choix de vie et anomie). Mais, d'autre part, il transfère ses valeurs (harmonie, solidarité, entraide) et son aspect idéalement «naturel» en contrepoint à la situation existante, à travers notamment les deux autres significations du concept de «communauté» que nous avons identifiées: l'organisation communautaire et la communauté identitaire, chargées d'apporter à l'individu les conditions d'une existence autonome et épanouie.

# CHAPITRE 3

# La communauté comme puissance de mobilisation et d'action sur elle-même : les organismes communautaires

..................................................

Si l'apparition des «organismes communautaires» ne peut s'appréhender qu'à partir de leur fonction initiale de représentation des besoins et des intérêts de collectivités locales, qui rappelons-le ont longtemps été la seule réalité sociologique concevable sous la terme «communauté» (a), ils n'ont pris leur véritable essor à la fois sur le plan des théories et des actions qu'avec leur transformation en «mouvements sociaux», capables non seulement de traduire au niveau politique des problématiques issues des expériences vécues par certaines couches de la population, mais également et surtout d'incarner un phénomène d'«avant-garde», susceptible par leur existence d'engager des innovations dans les pratiques et des évolutions dans les mentalités (b). Cette vocation minoritaire constitue à la fois un avantage et un inconvénient lorsque les associations se trouvent reconnues par l'État au nom de leur représentativité ou de leur particularité, car l'institutionnalisation partenariale requise afin d'assurer leur survie organisationnelle, de peser sur les agendas politiques et de transformer la conscience sociale suppose inévitablement l'acceptation d'un certain nombre de contraintes financières et administratives (c), ce qui provoque une tension constante au sein des organismes entre desseins «autonomistes» et «légalistes».

## A) L'ÉMERGENCE DE «L'ORGANISME COMMUNAUTAIRE» À PARTIR DE SON ANCRAGE LOCAL ET TRADITIONNEL

Le Rapport Castonguay évoque explicitement la remise en question de la prédominance des institutions traditionnelles qui aurait eu lieu à la fin des années 1950: le monopole du clergé est critiqué, la participation des laïcs augmente dans la gestion des hôpitaux et des écoles, les pouvoirs locaux s'atténuent, l'assurance-chômage entre en vigueur. La prise en charge par l'État des services sociaux autres que les services d'hébergement suit immédiatement cette période pionnière (1963-1970). L'État devient alors le distributeur de toutes les allocations financières, favorise le lancement de projets spécifiques de réadaptation sociale, permet la fondation de la Fédération des services sociaux à la famille, etc. Apparaît la «Maison du quartier» comme «expérience d'organisme communautaire dans un quartier défavorisé. Des animateurs apprennent aux citoyens à occuper leurs loisirs, et par conséquent, à mieux se connaître les uns les autres et à découvrir leur quartier et ses problèmes.» (Commission d'enquête, 1972: 68) Le travail communautaire se trouve donc immédiatement pensé dans une dimension locale, comme activité d'une communauté encouragée et animée par un travail organisé par l'État. Ce dernier se place donc dans une perspective directe de «réactivation communautaire», notamment dans les quartiers en difficulté.

Il est patent que l'on ne parle pas encore au début des années 1970 de «groupes communautaires», ou d'«organismes communautaires». Sont plutôt évoqués les «organismes de service social» et les agences dites polyvalentes ou familiales, organisés selon les diocèses catholiques: «organismes, groupements et associations voués aux intérêts de la famille, des enfants, des personnes âgées, des handicapés [*sic*], des consommateurs, des économiquement faibles, des groupes ethniques» (*ibid.*: 124). À travers cette énumération pour le moins hétérogène se démarque l'idée générale de «groupe d'intérêt», conçue en termes de représentation et de défense des droits d'une population particulière, en ligne directe avec le «droit d'association» reconnu par l'État libéral démocratique. Il ne s'agit aucunement de communautés, dans le sens où celles-ci se manifesteraient comme le relais d'aspirations identitaires ou culturelles, mais bien plutôt d'associations caractérisées par un enracinement local, une vie de quartier, proche des conceptions idéales du voisinage à dominante interpersonnelle (solidarité) et morale, voire «moralisante» (intégration aux normes du groupe).

Par contre, l'organisme communautaire envisagé par le Rapport Castonguay afin de «réparer» les communautés en phase de désintégration «vise l'amélioration des milieux sociaux et la protection du noyau familial» (*ibid.*: 238), notamment par des moyens préventifs (animation sociale, aide à domicile, jardins d'enfants, centres de jour pour adolescents et adultes). Les «organismes communautaires» sont censés rejoindre les communautés urbaines ou rurales de 15 000 à 40 000 habitants, toujours selon le souci quantitatif présenté plus haut: une trentaine en tout au Québec, en plus des villes de Québec et de Montréal, où plusieurs centres seront nécessaires « qui rejoindront les grandes communautés culturelles de la métropole (Canadiens français, Canadiens d'ascendance anglaise ou irlandaise, Italiens, Juifs, et les autres), suivant leur concentration dans la ville et les communautés homogènes constituées en différents points du territoire (quartier, paroisse populeuse ou banlieue) » (*ibid.* : 239) : « L'expérience révèle, en effet, que les communautés s'intègrent difficilement à un centre communautaire qui reflète mal leur genre de vie ou dont les activités ne répondent pas à leurs besoins spécifiques. » Les services offerts par le centre « ne peuvent être assimilés à des services exclusivement commerciaux. Bien au contraire, ils font appel à un réseau de relations interpersonnelles et communautaires dont les solidarités conduisent une partie de la population à dépasser son rôle factuel de clients pour s'élever au rang d'agents issus du milieu et volontairement engagés dans la promotion de celui-ci. » (*ibid.* : 240) Clairement, les services de l'État entendent créer une force d'entraînement, qui à terme mènerait la communauté locale à reconquérir son auto-administration.

## B) LES ORGANISMES COMMUNAUTAIRES COMME « MOUVEMENTS SOCIAUX » ENTRE INSTITUTIONNALISATION ET CONTESTATION

Presque une vingtaine d'années plus tard, le rapport de la Commission Rochon (1988) se fonde sur la prise en compte, qui n'était envisagée que comme prospective dans le Rapport Castonguay, de changements sociaux avérés et définitifs, qui ont abouti à de nouvelles lois dans les années 1970 : croissance socio-économique rapide et importance toujours plus accrue du rôle de l'État (dont les dépenses constituent quasiment la moitié du PIB au Canada en 1984) par sa participation à la régulation économique (producteurs de biens et services, producteur de droits : éducation, santé, revenu minimum). D'où la prolifération des lois et règlements, la multiplication des lobbies visant à orienter l'action publique, l'alourdissement du fardeau fiscal et l'accroissement du nombre de fonctionnaires : divers éléments qui signent la « crise de l'État-Providence » (Vaillancourt et Lévesque, 1996 ; Thériault, 1996 ; Giroux, 2001) et qui poussent certains à vouloir « que l'État partage une partie de ses pouvoirs avec les organismes locaux et communautaires » (Gouvernement du Québec, 1988 : 8). Car il convient également d'enregistrer la répercussion des changements dans la société québécoise depuis vingt ans sur « les relations entre les individus, sur les structures sociales traditionnelles, sur la vie communautaire et sur les rapports entre les collectivités et l'État » (*ibid.* : 299). Les réseaux d'entraide tissés autour de la famille, du voisinage, de la paroisse et de l'Église sont fortement ébranlés, bien qu'encore présents : « De nouvelles solidarités ont vu le jour, d'abord bâties sur des cultures, des choix de vie ou des problèmes communs, et reflétant un plus grand pluralisme dans leurs formes d'expression et dans leurs valeurs» (idem). La crise économique ainsi que la transformation du tissu social impliquent de «nouveaux besoins d'aide dans la communauté» (*ibid.*: 300) auxquels l'État n'est pas à même de répondre (isolement social, pauvreté, chômage, itinérance). De plus, s'accroît le contrôle des coûts, et donc la définition de priorités et de clientèles cibles à la suite des diverses compressions budgétaires. Ainsi «s'amorce un nouveau partage des responsabilités entre l'État et la communauté» (idem). Le lien est donc dorénavant explicitement effectué entre la crise de l'État-Providence et le «recours à la communauté».

Les organismes communautaires se présentent dorénavant comme des «mouvements sociaux» résultant et provoquant des changements de valeurs au sein de la société québécoise. Les mouvements sociaux poussent l'État, le milieu du travail et l'école à s'adapter à de nouvelles réalités. La transformation de la famille, par exemple, ouvre la voie à une pluralité de modèles (biparentales, monoparentales, reconstituées) à la suite de l'éclatement de la famille nucléaire et à la «crise du mariage»: augmentation du célibat et des divorces et modification des rôles sociaux. De même, le mouvement des femmes vers l'égalité influence le marché du travail et la scolarisation. On note également l'émergence de nouvelles solidarités dites justement «communautaires», après que l'évolution sociale a ébranlé les assises traditionnelles et les réseaux d'entraide bâtis autour de la famille et de la parenté, du voisinage et des institutions religieuses (organismes bénévoles, œuvres de charité pour les plus défavorisés). Avec la Révolution tranquille apparaissent de nouvelles formes d'organisation «populaire», comme le Conseil des œuvres de Montréal qui favorise les premiers comités de citoyens dans les quartiers ouvriers, canalisant les demandes et besoins locaux. Les comités se transforment en associations d'aide mutuelle, groupes de défense des droits sociaux, organismes de services (garderies, centres d'éducation, coopératives alimentaires, cliniques communautaires, groupes de défense des intérêts des femmes). Parallèlement, les réformes sociales de État intègrent certains organismes communautaires à ses structures, comme les cliniques populaires médicales et les cliniques juridiques, ou soumet leur développement à ses propres orientations: «L'État développe donc l'organisme communautaire à l'intérieur de ses institutions et rend possible la participation des usagers aux processus décisionnels.» (*ibid.*: 26) D'où à la fois une intégration des différents services au réseau public (CLSC) et une réorganisation de l'action communautaire autonome par opposition à la voie étatique, retrouvant une mission propre en abandonnant certains secteurs à l'État (centres de bénévolat, ambulance Saint-Jean), en restant stables dans leur action (Alcooliques Anonymes) ou en inaugurant un nouveau champ d'activité (soutien aux ex-patients psychiatriques). Le mouvement féministe favorise par ailleurs la création de nombreuses organisations: centres de santé pour femmes, centres d'hébergement pour femmes violentées, lutte contre les agressions sexuelles. De nouveaux organismes communautaires voient le jour avec le soutien du réseau: maisons des jeunes, clubs de l'âge d'or, groupes d'ex-psychiatrisés: «Les organisations communautaires peuvent être des groupes d'entraide, des groupes d'intérêt, de promotion et de défense des droits, des organismes bénévoles offrant assistance, des ressources "alternatives". Ils se distinguent du réseau naturel par leurs structures. Les organismes communautaires et le réseau privé ont comme caractéristique commune un autofinancement partiel.» (idem) Par rapport au service public, les organismes divergent par leur «plus grande autonomie, une plus grande disponibilité et des règles de fonctionnement plus souples» (idem).

Mais l'État ne fait plus seulement comme antan relayer ou compléter l'action des organisations religieuses dans la fourniture des services de santé et des services sociaux: «Il impose en quelque sorte "son" modèle d'organisation» (ibid.: 27), avec d'importants fonds publics. À partir des années 1970, les organismes communautaires et bénévoles se redéploient, «soit pour contrer la rigidité du système mis en place par l'État et son éloignement du milieu, soit pour recréer des solidarités d'intérêts, de valeurs et de besoins chez des groupes ou des personnes aux prises avec des problèmes particuliers. On revendique des droits nouveaux. On propose de nouveaux modèles de services et des manières différentes d'agir sur la santé et le bien-être des personnes et des collectivités.» (idem) L'État redécouvre l'importance et la nécessité du soutien financier aux organismes communautaires: la part du budget du ministère de la Santé et des Services sociaux affectée au soutien des organismes communautaires passe de 1,2 million de dollars pour 30 organismes entre 1970-1979 à 26 millions de dollars pour 250 organismes en 1986-1987, dernier chiffre disponible au moment où la Commission Rochon entreprend ce «bilan» de l'action des organismes communautaires. De même, la régionalisation – communautés urbaines de Montréal (CUM), de Québec (CUQ), communautés régionales de l'Outaouais (C.R.O.) – doit instaurer de nouvelles manières de penser, de sentir et d'agir en matière de santé, encore une fois grâce à la «résurgence des organismes communautaires et bénévoles» (ibid.: 34). D'où la nécessité pour le gouvernement «d'assurer un environnement sain et propice à l'épanouissement des capacités vitales de chacun, indépendamment de ses revenus, de son âge et de son lieu de résidence» (ibid.: 35). La profession de foi universaliste se double d'une volonté d'amélioration des connaissances «objectives» sur la maladie, qui n'est plus «malchance» ou «hasard», avec notamment la délimitation que «certaines personnes sont plus *à risques* que d'autres» (idem). Les connaissances scientifiques se diffusent dans la population comme de nouvelles normes sanitaires (éviter de fumer ou de consommer trop d'alcool, chercher à atteindre un poids modéré, pratiquer la relaxation et l'exercice physique, mettre sa ceinture de sécurité, etc.). Hier, la santé se présentait comme une absence de maladie, aujourd'hui elle incarne «une harmonie dynamique de l'homme avec lui-même et avec son milieu», consistant à «permettre à chacun de tirer un parti maximal de ses capacités, compte tenu de son héritage génétique» (*ibid.*: 36). L'État ne veut plus se permettre d'accepter en droit (sinon en fait) des groupes «exclus» de la santé (qui lui coûteraient trop cher), défi-nie selon des normes objectives et rationalisées: un rapport moyen (corps) – fin (harmonie), avec utilisation instrumentale du corps, du milieu, par le «client» qui doit «maximiser» ses capacités. D'où l'insistance sur l'effort «conscient» des personnes pour se tenir en bonne santé, le recours à diver-ses formes de thérapie et la consommation de médecines douces (homéo-pathie, chiropratique, acupuncture, naturopathie): «Après une période de réorganisation, les organismes communautaires et bénévoles occupent de nouveau au Québec une place très importante. D'une certaine manière, ils sont en train de reprendre la place que tenaient jadis les réseaux d'entraide bâtis autour de la famille étendue, du voisinage et surtout des institutions religieuses.» (*ibid.*: 39) Encore une fois, la «communauté» moderne dans sa pluridimension se déploie sur les ruines des anciennes communautés, sous l'aspect d'une individualisation des problématiques et d'émancipation subjective des conditions de vie.

Les écrits des travaux issus de la Commission Rochon ne paraissent d'ailleurs pas dupes des profondes ambiguïtés de ce «retour des commu-nautés»: «Depuis quelques années, les appels à la responsabilisation des individus et de la communauté se sont multipliés dans le domaine social et dans celui de la santé. On aurait, semble-t-il, redécouvert les mérites et le potentiel des réseaux naturels et des organismes issus de la communauté, et ce, tant sur le plan thérapeutique que sur le plan de la participation à la vie démocratique. On reconnaît ainsi de plus en plus le rôle primordial de l'entraide et du soutien social qu'offrent ces réseaux, ainsi que l'impor-tance des rapports personnalisés, de la quête d'autonomie et de la prise en charge de leurs problèmes par les individus et les collectivités. Les orga-nismes communautaires ont fait la preuve de leur dynamisme et de leur capacité d'innovation en ce qui concerne les pratiques et les approches thérapeutiques.» (*ibid.*: 297) Ayant mis en lumière des phénomènes mal connus, comme la violence conjugale, la situation des personnes handica-pées, l'éducation des adultes, les organismes communautaires contribuent donc à l'amélioration de la qualité de vie des individus et des collectivités, et à la vitalité des processus démocratiques: «Toutefois, les représentants de ces organismes estiment qu'on est loin de reconnaître véritablement leur apport et d'encourager leur développement, loin aussi d'avoir établi entre le réseau public et le secteur communautaire un partenariat équitable et respectueux des différences.» (*ibid.*: 298) Les dépenses du ministère de la Santé et des Services sociaux pour le soutien aux organismes communautaires ont été multipliées par 25 en 10 ans (1977-87). Mais cela ne représente en 1987 que 0,3 % de l'ensemble des dépenses publiques de santé et de réadaptation sociale. Les nouvelles orientations gouvernementales, qui s'effectuent selon l'identification de clientèles cibles (femmes, personnes handicapées, jeunes, sans-abri), encouragent la constitution de nouveaux groupes, la multiplication et la diversification des activités des organismes communautaires: «De nouveaux types de solidarité ont émergé, non plus fondés sur les réseaux traditionnels d'entraide, mais centrés d'abord sur des intérêts et des valeurs communes et orientés vers des clientèles de plus en plus circonscrites. Certains diront que le découpage de la communauté en différentes populations cibles, faisant l'objet de programmes de services spécifiques, a amené celles-ci à se constituer en groupes d'intérêts qui, en retour, vont chercher à avoir prise sur la définition de leurs besoins et sur l'élaboration des politiques qui les concernent.» (*ibid.*: 301)

Mais le Rapport Rochon précise bien que les interventions gouvernementales n'ont pas forgé de toutes pièces «ce nouveau dynamisme de la communauté»: «Les organismes communautaires se sont d'abord multipliés sous la pression des besoins à satisfaire» (idem): pénurie de services dans certaines régions ou domaines (violence conjugale, avortement, agressions sexuelles), inadéquation des services offerts, difficultés du réseau à rejoindre certaines clientèles comme les jeunes ou les itinérants. Le foisonnement des organismes communautaires correspond aussi à de nouveaux besoins: préservation de l'environnement, qualité de vie, responsabilisation des individus. «Il reflète aussi sans aucun doute la volonté de "faire les choses ailleurs et autrement": agir en dehors des cadres rigides, de la bureaucratie et des contraintes du réseau étatique, trouver une nouvelle marge de manœuvre, innover et expérimenter sur le plan de l'auto-organisation comme sur le plan de la thérapie, en trouver satisfaction et motivation, travailler à l'échelle humaine, là où les rapports humains sont au premier plan.» (idem) En une phrase sont rappelées les principales caractéristiques du «retour des communautés»: nouveaux «besoins» (violence des relations sociales, écologie) et nouvelles «valeurs» (responsabilisation, proximité). Les initiatives de la communauté traduiraient donc: i) une réaction aux insuffisances du réseau et à sa manière de faire les choses; ii) une capacité et une volonté d'auto-organisation de la communauté elle-même: «Le nouvel essor des ressources communautaires confirme l'aspiration à un certain pluralisme, l'émergence de nouvelles valeurs et l'intention très nette de divers secteurs de la population de contribuer à l'amélioration de la santé et du bien-être collectif.» (idem) Les organismes communautaires s'avèrent extrêmement diversifiés dans leurs formes et leurs manifestations, exprimant de multiples courants. «Ils sont bien le reflet de notre société»: organisations traditionnelles issues de structures diocésaines ou paroissiales, «organismes porteurs d'aspirations et de valeurs nouvelles (le mouvement homosexuel, le mouvement écologique)» (*ibid.*: 302). Le travail «communautaire» s'effectue en collaboration avec le réseau public (par exemple pour les auxiliaires bénévoles en hôpital) mais impose aussi son caractère alternatif (nouvelles approches en santé mentale, centres de santé pour les femmes), notamment par la promotion et la défense des intérêts des membres et de la collectivité représentée[1] et des offres de services bien précis (popotes roulantes, maisons d'hébergement).

Néanmoins, malgré leur diversité, les organismes communautaires sont décrits comme se regroupant autour de quelques principales caractéristiques communes[2]:

(i) Les organismes sont issus de la communauté, ce qui les distingue des ressources dites «intermédiaires», mises sur pied par le réseau (comme les familles d'accueil): «Les organismes communautaires sont en continuité avec le milieu: ils sont le résultat d'une initiative du milieu; les membres ont habituellement des caractéristiques socio-économiques semblables à celles du milieu; dans plusieurs cas, ils proviennent et résident dans le milieu [*sic*] ou partagent une même culture.» (idem)

(ii) Cette proximité ou identité se traduit dans les rapports entre intervenants et usagers (une distinction souvent faible, les usagers étant des coproducteurs): «Les organismes communautaires sont donc particulièrement aptes à répondre aux problèmes des usagers dans les termes où ces derniers les posent et au moment où ils apparaissent, et à s'adapter à l'évolution de ces besoins.» (idem) Cela suppose polyvalence, qualité d'écoute, disponibilité pour une relation directe, personnelle et «le plus possible égalitaire avec les usagers», d'autant plus qu'usagers et intervenants «parlent le même langage» (*ibid.*: 303).

---

1. Par exemple l'Association québécoise de défense des droits des retraités et pré-retraités (AQDR), l'Association féminine d'éducation et d'action sociale (AFEAS), la Fédération des femmes du Québec (FFQ).

2. Cette liste énoncée par la version finale du Rapport Rochon se trouve en fait directement inspirée de la typologie décrite par le travail de Godbout, Leduc et Collin (1987: 106 et suiv.), travail sur «la face cachée du système» qui constitue en fait le rapport n° 22 présenté à la Commission pour ses travaux préparatoires. L'insistance sur les valeurs liées au «don» (voir caractéristique iii) continueront d'ailleurs à connoter directement les différents travaux de J.T. Godbout (1992, 2000). Voir également pour une approche bienveillante mais critique de certains présupposés de ces analyses Vibert 2004b et 2005.

(iii) Les approches utilisées possèdent également des caractéristiques communes: interventions sur des problèmes précis,' caractère immédiat et concret, variété des philosophies d'intervention, importance d'avoir connu soi-même le problème vécu, valorisation des relations interpersonnelles: «Les personnes qui s'engagent dans des relations d'aide affirment être motivées par des valeurs telles que l'amour, le service, le don, le dévouement. Ce dévouement ne semble plus vécu comme avant: on parle de plaisir du don et non plus de sacrifice.» (idem)

(iv) Les organismes veulent agir non seulement sur la résolution des problèmes, mais sur les causes, tentant de modifier les comportements qui les engendrent par certains outils à effet non immédiat: prévention, éducation, vision globale de la personne sont «des orientations très généralement partagées par les ressources communautaires» (idem).

(v) Une importance primordiale est accordée à l'autonomie des organismes, respectant le caractère volontaire qui préside à l'engagement social à titre bénévole. La liberté d'action et d'expression est ainsi perçue comme une condition de survie pour les organismes, selon une forte valorisation de la démocratie directe par rapport aux structures formelles de délégation des pouvoirs (conseil d'administration). Des regroupements entre organismes se font de manière ponctuelle et sur des points précis (allocations familiales, pensions de vieillesse).

Quatre principaux types d'intervention des organismes sont ainsi décrits:

(i) Les groupes d'entraide, rassemblant des personnes soit aux prises avec un problème commun et désireuses de s'apporter une aide mutuelle (Alcooliques Anonymes, Parents Anonymes), soit proches des personnes concernées (parents et amis de malades mentaux, parents d'enfants handicapés) ou soit encore reprenant les traits formels du coopératisme (coopératives de logement ou alimentaires).

(ii) Les organismes se consacrant «à l'assistance et au développement communautaires» (ibid.: 304): bénévolat (centres d'action bénévole), services (popotes roulantes, comptoirs vestimentaires, transport de personnes âgées et handicapées, soutien aux malades, services aux itinérants, loisirs, camps de vacances).

(iii) Les fondations ou les sociétés organisant des campagnes de financement dans différents secteurs, pour l'achat d'équipements ou l'allocation de subventions de recherches, la sensibilisation de la population à certains problèmes (paralysie, cancer, maladies du cœur) et services (aux diabétiques).

(iv) Les ressources «alternatives», offrant des services «ailleurs et autrement», avec une infrastructure lourde: santé mentale, maison des jeunes, centres de lutte et d'aide contre les agressions sexuelles, hébergement pour les femmes victimes de violences. «Pour plusieurs, la revendication d'un statut particulier de ressources alternatives s'inscrit dans une stratégie de négociation avec l'État: on cherche ainsi à s'assurer des enveloppes budgétaires protégées. Cela ne contredit pas le fait que le mouvement alternatif repose sur des assises réelles: nouvelles valeurs, nouveaux rapports sociaux, perspectives d'innovation, de changement et d'engagement social.» (*ibid.*: 305)

La spécificité de l'expression des organismes communautaires tient pour grande partie dans leur qualité de «mouvements sociaux», incarnant sous une même activité la défense de droits minoritaires, l'appel à un changement social et l'implication réformiste par l'apport de services non fournis par l'État: «Un des phénomènes marquants des dernières années est également la création, la multiplication et la consolidation des organismes qui jouent principalement un rôle de porte-parole et de défenseurs des intérêts de leurs membres, et plus largement les intérêts des secteurs de la population qu'ils estiment représenter. On en retrouve dans tous les domaines et pour tous les types de clientèles: communautés culturelles, femmes, personnes âgées, personnes handicapées, mais aussi regroupements de citoyens, de consommateurs. Sensibilisation de l'opinion publique, promotion et défense des droits, information et recherche, pression auprès des décideurs, représentation et participation à divers forums ou instances de concertation: ces organismes jouent un rôle de représentation extrêmement important et contribuent ainsi à vitaliser nos processus démocratiques.» (idem) Les organismes de pression et de services ne sont pas deux mondes séparés. Le mode de vie associatif ne s'enferme pas dans des définitions simples et des catégories rigides. La contribution des organismes communautaires est particulièrement essentielle par son engagement, son dynamisme et sa richesse collective dans le domaine de la santé et du bien-être. Les dimensions sociales et sanitaires se rejoignent sur le terrain des «ressources communautaires» (services, appui moral et soutien social), même si les limites de ces ressources communautaires s'avèrent par définition liées à leur nature bénévole (dispersion, fragilité des moyens, ponctualité). De plus, les organismes se trouvent souvent répartis inégalement sur le territoire, possèdent une clientèle difficile à joindre et doivent parfois sélectionner leur clientèle: «Cette réalité traduit la nature même de ces organismes: à la fois reflet du dynamisme, de la qualité du tissu social ou de sa dégradation, et dépendance face au soutien que la collectivité ou l'État veulent bien lui offrir.» (*ibid.*: 307)

Les groupes d'entraide et organismes bénévoles sont ainsi censés contribuer au rétablissement, au maintien, à l'amélioration de la santé et du bien-être, mais deviennent également au fil du temps des instruments de prévention. Ils tendent généralement à regrouper des catégories de personnes partageant un problème commun: soit un problème physique ou mental (association de personnes obèses, sourdes, diabétiques, ex-psychiatrisées, souffrant de paralysie cérébrale), soit une habitude nocive pour la santé (alcoolisme, toxicomanie), soit un comportement dangereux (hommes violents), soit ayant vécu un événement traumatisant (dépression). Il s'agit également parfois en priorité de surmonter l'isolement et l'insécurité financière, de combler des temps de loisirs (l'Âge d'or), de rassurer et soutenir les proches d'une personne souffrant d'un handicap sérieux (parents ou amis de déficients mentaux) ou vivant une situation de marginalité (chômeurs, assistés sociaux, ex-incarcérés). «En rendant possible le partage des expériences et des informations, les groupes d'entraide permettent aux personnes visées d'acquérir un sentiment d'appartenance, de renforcer l'estime de soi et la confiance en soi, de diminuer l'isolement, de prendre conscience de leurs propres capacités thérapeutiques et de leurs droits, et de construire de nouvelles solidarités.» (*ibid.*: 308) Ces groupes permettent ainsi de diminuer le recours aux services publics, en prévenant l'hospitalisation et en facilitant la réinsertion, contribuant ainsi à rompre le cycle de la dépendance à l'endroit du réseau public[3].

---

3. Le rapport distingue:

   * Les services destinés aux personnes handicapées: promotion des droits et défense des intérêts des personnes handicapées (favoriser leur autonomie, leur intégration en milieu naturel, leur insertion sur le marché du travail, leur information sur les ressources), insistance sur le rôle de l'éducation, de l'information et de la sensibilisation auprès du public, et enfin visites amicales, aides administratives, activités sociales récréatives.

   * Les services destinés aux personnes atteintes de troubles mentaux: réinsertion au travail, intégration dans la société par l'entraide et la prise en charge personnelle, développement de moyens d'intervention en situation de crise, sensibilisation de la population et soutien social, contact humain et écoute.

   * Les services destinés aux personnes âgées: divertissements, loisirs, voyages, accompagnement, soutien moral, consultation, aide financière, entretien, hygiène, popotes roulantes pour repas chauds.

   * Les services destinés aux femmes (la diversité des ressources met souvent en cause la qualité du réseau public): soutiens sur la libéralisation de l'avortement, l'humanisation obstétrique et gynécologique, la prévention, la critique des approches traditionnelles en santé mentale. Le «mouvement d'autosanté des femmes» a fait émerger de nouvelles questions (violence conjugale, sexisme) pour favoriser une évolution réelle des mentalités, une aide directe aux victimes (agressions sexuelles), l'hébergement, la sensibilisation des populations. Les centres de santé pour les femmes offrent des services de cliniques: planification, avortement, suivi pré et post-natal.

   * Les services destinés aux jeunes: luttes contre le chômage, la pauvreté, le suicide, l'alcoolisme, l'itinérance. La maison des jeunes vise à prévenir la mésadaptation sociale et à favoriser l'autonomie: liens sociaux, engagement individuel et collectif (information, animation, loisirs, sports, culture), autres services (hébergement, recherche d'emploi).

Les organismes communautaires apportent donc des réponses à des besoins non comblés par le réseau public, malgré des capacités d'intervention limitées. De plus, ils offrent des possibilités d'aborder le problème sous un angle différent : importance de l'écoute, soutien, flexibilité, polyvalence des intervenants, approche globale et personnalisée, rapport de réciprocité : « Par l'étendue et la valeur de leur engagement, les organismes communautaires apparaissent comme une des composantes majeures du système de services dans le domaine social et sanitaire ; c'est ainsi qu'ils favorisent la constitution de nouvelles solidarités, l'amélioration de la vie démocratique et la consolidation du tissu social lui-même. » (*ibid.* : 316) La Commission vise à encourager ce mouvement : financement, respect de l'autonomie des organismes, mais aussi nécessité d'objectifs communs avec le réseau public. Mais, « comment établir une réelle collaboration qui s'élabore dans le respect de la différence ? » (idem).

## C) LES GROUPES COMMUNAUTAIRES COMME VECTEURS MODERNES DE SOLIDARITÉ

Au moins dans les discours, l'État semble donc admettre de la plus claire des façons la contribution essentielle et originale des organismes communautaires dans le domaine de la santé publique et des services sociaux. Dans *Une réforme axée sur le citoyen* (Gouvernement du Québec, 1990), « l'apport des organismes communautaires » (*ibid.* : 59) se trouve hautement valorisé, dans une perspective qui comprend les organismes communautaires à la fois comme héritage et substitut des formes collectives d'entraide érodées dans le monde moderne, allant jusqu'à définir quasiment un « modèle québécois » assis sur cette spécificité collective

---

* Les services destinés aux familles : lutte contre la violence conjugale, soutien aux couples en difficulté, prévention de la détérioration des relations parents-enfants. Les organismes veulent promouvoir l'entraide et la solidarité au sein des familles et entre elles (aide, accompagnement, encadrement), l'aide aux parents violents ou incestueux, aux parents d'enfants handicapés, aux familles monoparentales ou adoptives.

* Les services destinés aux communautés culturelles, en vue de s'adapter aux besoins particuliers de ces communautés, à leurs valeurs et habitudes de vie. L'obstacle de la langue agrandit le fossé culturel entre praticiens et clients. Les organismes offrent des services de dépannage, d'accompagnement, de traduction, d'interprète des lieux de regroupement favorisant l'intégration sociale, culturelle et économique.

* Les services destinés aux itinérants. Seuls les organismes communautaires interviennent auprès d'eux, même s'ils sont insuffisants pour les cas lourds (cas psychiatriques ou d'alcoolisme) : gîte, couvert, maison d'hébergement, encadrement, soutien et écoute.

* Contribution des organismes de pression et de promotion : comités de citoyens, regroupement de consommateurs, associations coopératives d'économie familiale. Les organismes dénoncent l'inadéquation ou l'inaccessibilité des structures, la détérioration des services offerts, souhaitent des campagnes de sensibilisation.

du renouveau solidaire : « Les organismes communautaires contribuent aujourd'hui à la prestation directe de services et au raffermissement des liens communautaires », « aptes à répondre aux nouveaux besoins » (idem). Ainsi, la politique de santé et de bien-être ne peut plus être interprétée « à travers le seul prisme des interventions publiques » : « Au-delà des services rendus par les établissements du réseau, les communautés et les citoyens qui les composent sont les mieux placés pour identifier [sic] les besoins non satisfaits et prendre l'initiative de les combler. À cet égard, le développement et la diversité des organismes communautaires constituent un signe du dynamisme de la société québécoise. » (ibid. : 60) Il s'agit donc d'un « équilibre à établir entre le respect de l'autonomie des organismes subventionnés, d'une part, et l'obligation pour eux de rendre des comptes de l'utilisation des sommes reçues, d'autre part » (idem). À travers cette logique de « partenariat », la loi définit les organismes communautaires comme des groupes qui : i) choisissent librement leurs orientations, leurs politiques et leurs approches ; ii) réalisent des activités sans but lucratif dans le domaine des services sociaux et de la santé ; iii) ont un conseil d'administration « composé majoritairement d'usagers ou de membres de leur communauté » (idem). Situation paradoxale des organismes communautaires à qui l'on demande, dans le même temps, d'être autonomes et de rendre compte de leurs activités...

Ce paradoxe s'exprime de façon la plus évidente dans le rôle joué par les organismes communautaires dans le soutien apporté aux personnes désinstitutionnalisées souffrant de troubles mentaux ou de déficiences intellectuelles. Les documents publics qui concernent cette problématique évoquent tous au moins implicitement le procès global de « modernisation » qui renvoie l'aide privée (familiale, confessionnelle) à la charge publique (services étatiques) et la dynamique d'individualisation qui le sous-tend, mais s'efforcent également de rappeler la continuité « morale » de l'engagement militant avec ces pratiques « privées » révolues, en vue de se « réapproprier » l'action d'aide. Mais loin de l'homogénéité religieuse et normative des temps passés, le pluralisme du nouveau militantisme communautaire est mis en avant, à partir de la polysémie du terme même de communauté qui sert parfois à justifier le désengagement étatique ou l'égoïsme collectif de certains quartiers : « Enfin, il nous faut rappeler que la communauté ne s'exprime pas ; c'est plutôt une multitude de communautés qui le font en fonction de leurs réalités, de leur analyse de la situation et de leurs ressources. En ce sens, le point de vue des communautés ne peut être présenté de façon générique sans risque d'en éliminer la spécificité étant donné qu'il prend racine, s'énonce et s'articule à partir de dynamismes locaux. » (Comité de la politique de santé mentale, 1987 : 16-17) Le partenariat avec les organismes communautaires s'avère alors primordial : « L'apport des organismes issus de la communauté est particulièrement manifeste en santé mentale. Pour favoriser le maintien dans le milieu de vie et la réinté-gration sociale, il devient essentiel d'appuyer ces groupes et d'accueillir les solutions qu'ils proposent. [...] Le Ministère reconnaît comme organisme communautaire l'ensemble des groupes issus de la communauté qui pour-suivent soit des activités bénévoles, soit des activités qui, même si elles sont rémunérées, sont sans but lucratif, dans le domaine de la santé et des services sociaux.» (Gouvernement du Québec, 1989: 49) Et les organismes communautaires se voient attribuer des responsabilités: «promotion et sensibilisation, défense des droits et représentation des personnes vivant avec une déficience intellectuelle, promotion et sensibilisation, défense des droits et représentation des familles, services divers selon les caractéristi-ques des milieux» (Gouvernement du Québec, 2001: 78).

L'intervention des groupes communautaires se perçoit comme acti-vité visant à renforcer un tissu social fragile: «Leur action spontanée offre souvent une aide concrète à la personne et leur dynamisme dans le milieu permet d'accroître la tolérance de la communauté.» (Document de consul-tation, 1985: 38) On note une tension entre, d'une part, la «communauté» locale (qui peut à certains égards représenter un microcosme de la com-munauté nationale englobante, définie par des mœurs et des coutumes plus enclines au conservatisme et à la frilosité), qui incarne la population majoritaire et le milieu de vie qu'elle offre aux personnes en santé mentale appelées à la désinstitutionnalisation et, d'autre part, la «communauté» comme groupe militant, porteur de valeurs «progressistes» d'intégration et de tolérance, qui représente l'interface active entre la personne vulnéra-ble et son milieu. Mais cette tension est appelée idéalement à disparaître à travers l'intervention «communautarisée», qui conjoint les deux bords encore considérés comme pouvant s'opposer: «Lorsque la responsabilité de la communauté sera reconnue et que les services seront subordonnées aux besoins de la communauté, alors s'initiera [*sic*] le modèle écologique.» (*ibid.*: 64) Cette dynamique devrait alors s'instaurer selon un modèle de «communautarisation» qui à terme permet d'identifier les intérêts et valeurs de la communauté locale aux activités militantes des organismes engagés dans le soutien et le retissage du lien social: «La communauté aura ses compétences et sa tolérance. Les organismes communautaires seront intégrés à la dispensation des services, à tous les niveaux d'interven-tion.» (*ibid.*: 88) Ce double idéal – compétence et tolérance – correspond aux deux niveaux de communautés enjoints de finalement se confondre: les valeurs des groupes communautaires et les valeurs de la communauté globale-locale.

D'autre part, il faut, à l'encontre des valeurs «unanimistes» de l'entraide dite traditionnelle portée par un socle confessionnel commun, souligner la pluralité des interventions dites communautaires : les «regrou-. pements qui s'effectuent à l'intérieur des communautés en fonction d'une diversité d'intérêts et de situations» (idem) légitiment des activités plus ou moins informelles, notamment en suppléance ou en appui au système conventionnel de services. Les dynamismes locaux sont valorisés, mais il convient de trouver un juste milieu entre l'action («communautaire») au plus près des lieux de problèmes et les exigences («publiques») quant à qualité de la pratique professionnelle. Au vu des caractéristiques parfois «réactionnaires» de la communauté comme niveau de vie et incarnation des valeurs majoritaires, c'est donc bien l'action des groupes communautaires qui se trouve valorisée. L'existence des groupes communautaires impose une «attitude de respect» et il faut leur concéder une place concrète dans l'intervention, mais aussi voix au chapitre dans la dispensation des services, ainsi qu'une légitimation dans l'exercice de leurs compétences. Les «ressources communautaires» peuvent par exemple se différencier en «groupes de promotion et de défense des droits» (à partir d'une connaissance «pratique» des personnes), «groupes d'entraide» (associations recherchant la réponse à une situation problématique, favorisant l'entraide par une mise en commun des expériences et des compétences), «ressources communautaires de services» (trouvant leur origine dans un milieu donné en réponse à des besoins spécifiques, avec une approche nouvelle ou différente et bénéficiant de la volonté d'engagement et d'action des membres d'une communauté locale). Ces trois types de groupes communautaires se répartissent en fait selon deux sortes d'approches, qui définiront leur intégration ou non au réseau public :

i)  Une approche «autonomiste», notamment pour les «groupes d'entraide, de promotion, de défense des droits», qui doivent conserver leur autonomie, car «ils exercent une action légitime au sein de leur milieu à partir de l'appui qu'ils y recueillent» (Comité de la politique de santé mentale, 1987 : 83) : «Un établissement du réseau public, quel qu'il soit, fait partie intégrante de la communauté où s'exerce son action.»

ii) Une approche «intégrée», notamment pour «les ressources communautaires de services» (prévention, réadaptation, réinsertion sociale) que sont les centres de jour, les maisons de transition, les services de formation à l'emploi et les lieux d'hébergement. Il convient ici de favoriser la diversification de la gamme des services disponibles pour améliorer leur action supplétive et leur insertion dans le réseau de services. D'où la nécessité de la reconnaissance de cet agir social comme «dispensateur de services» (*ibid.* : 85) : «Il importe que ce dernier conserve le lien avec la communauté d'où il est issu tout en s'inscrivant à l'intérieur de l'ensemble des services disponibles sur un territoire.» (*ibid.*: 86) «Une ressource communautaire en mesure de dispenser un service dans sa communauté devrait avoir priorité sur tout autre forme de structure. Il s'agit ici de l'une des exigences de l'approche communautaire.» (*ibid.*: 87)

L'action des groupes communautaires se trouve explicitement mise en avant pour sa qualité et son importance dans bon nombre de documents publics, à l'exemple du mouvement Personne d'Abord: «ces organismes travaillent à promouvoir l'égalité, à défendre les droits des personnes présentant des déficiences intellectuelles et à les représenter» (Gouvernement du Québec, 2001: 24), alors que d'autres leur offrent des services essentiels ainsi qu'à leurs familles: activité de jour, répit, hébergement, etc. «L'approche communautaire, par ailleurs, remplace progressivement l'approche institutionnelle.» (idem) Cette transformation de ressources institutionnelles en ressources «intégrées» s'achève, soulignant les effets positifs du mouvement de réinsertion sociale: «Les modes d'intervention sont de plus en plus communautaires, ce qui permet de rejoindre la personne dans son milieu de vie (sa famille, les lieux où elle réalise des activités) et d'arrimer les actions de chacun des partenaires concernés (assistance éducative, soutien à la personne, etc.).» (*ibid.*: 25) Mais cependant, d'immenses difficultés ne peuvent être passées sous silence: manque de soutien, épuisement familial, faible disponibilité des services, surcharge de travail, situations de danger physique pour les personnes présentant des déficiences intellectuelles, manque de formation professionnelle, etc.

Pour une autre catégorie dont la perception va se trouver modifiée à travers l'intervention grandissante du militantisme associatif, les personnes âgées, la reconnaissance publique de la nécessité d'une approche intégrée s'est avérée plus tardive. Dès 1985 néanmoins (dans le document *Un nouvel âge à partager*), l'accent est mis sur les «organisations que se donne la communauté» (Gouvernement du Québec, 1985: 3), «les initiatives engendrées par l'action des communautés» (*ibid.*: 4), «l'ouverture d'un réseau fortement structuré sur la communauté qui l'entoure» (idem). Mais ces organisations ne sont pas encore des «organismes communautaires»: ce sont des «groupes de pression» (*ibid.*: 10) qui soulignent dans le vécu psychologique et social des personnes âgées l'importance de la solitude et de l'isolement (perte de la famille, du travail, des relations sociales), de la marginalisation (à l'égard des valeurs dominantes bientôt considérées comme «âgistes») et de la violence (surtout dans la famille et en milieu institutionnel). La famille et la communauté assument cependant un rôle permanent, mais méconnu dans les soins et les services aux personnes âgées, en marge de la transformation des institutions religieuses et charitables en État-Providence. Les principales ressources pour les personnes âgées restent donc à cette époque l'entourage immédiat en premier lieu, puis la communauté en deuxième lieu et enfin l'État comme ultime recours : « Les ressources communautaires se situent à un palier entre la personne âgée, son entourage immédiat et l'État » (*ibid.* : 24), grâce à des mouvements agissant pour combler les besoins spécifiques du milieu (clubs sociaux, organismes de solidarité). Les services communautaires aux personnes âgées proviennent d'initiatives de citoyens, d'individus ou de groupes. Également, l'action d'organismes subventionnés complémentaires à l'action de l'État permet la fourniture de services tels que la distribution de repas à domicile, l'accompagnement, le transport, les travaux ménagers et de peinture, le déblaiement de la neige, l'information. Toujours au niveau de la communauté s'ajoutent enfin les familles d'accueil.

Toute la société doit ainsi contribuer à favoriser la participation des aînés à la vie collective : « familles, groupes communautaires, collectivités régionales, etc. » (Gouvernement du Québec, 1991 : 77). L'État discerne des familles à soutenir et « des groupes communautaires à encourager » (*ibid.* : 79) : « L'environnement immédiat des personnes et les liens qui créent l'appartenance à une communauté sont des thèmes dont l'importance ne cesse de croître. Tout comme les individus qui en font partie, chaque communauté est caractérisée par une histoire et une dynamique qui lui sont propres et qu'il convient de respecter [...]. » (idem) « Les groupes communautaires constituent un élément essentiel du tissu social », surtout dans le maintien de la participation des personnes âgées à la vie collective : « leur développement constitue donc un but en soi, indépendamment des services qu'ils peuvent dispenser ». La réalité des groupes communautaires ne s'exprime pas par une simple dispensation de services, car leur rôle premier est de « resserrer les liens au sein de la collectivité », une véritable mission de sauvegarde de la cohésion sociale[4] : « Dans cette perspective, le développement des groupes communautaires est donc bel et bien un but en soi et le résultat d'un tel développement ne peut qu'être bénéfique. » (idem) La mise sur pied de « centres communautaires » offrant des activités collectives dans un lieu de rencontre pour personnes âgées contribue à lutter contre l'isolement et l'insécurité. « À notre avis, il faut distinguer le soutien à apporter aux groupes communautaires pour qu'ils assument leur rôle comme instrument de participation des aînés à la vie collective, du soutien à leur apporter en tant que dispensateurs de services. » (*ibid.* : 80) L'objectif reste cependant, au-delà de cette nécessaire distinction « la reconnaissance de la contribution du communautaire à la fois en tant qu'instrument privilégié

---

4.  Un objectif implicite de « maintien de la paix sociale » qui ira jusqu'à faire dire à certains que grâce aux organismes communautaires « les exclus découvrent un certain sentiment d'appart sociale et d'identité collective. C'est sous cet aspect palliatif uniquement que l'organisme communautaire peut être efficace. Il importe peu qu'il remplisse sa mission instrumentale et les réintègre dans la société générale, car, avec un peu de chance, ce secteur *devient* leur communauté. » (White, 1994 : 47)

de cohésion sociale pouvant avoir une action multisectorielle et en tant que dispensateur de services» (idem). L'affermissement de la cohésion sociale se trouve explicitement considéré ici comme objectif primordial des politiques publiques, sous la forme du lien intégration/autonomie qui rend à la personne âgée une place dans la société et une capacité supérieure d'épanouissement personnel.

## D) CONCLUSION

C'est à la fois les évolutions du contexte social et de la nature même des acteurs collectifs qui va transformer les «mouvements sociaux» et les «groupes locaux» des années 1970 en «organismes communautaires» des années 1980. L'action collective n'est plus fondée sur une base d'abord locale comme précédemment, mais sur deux modalités de revendication: d'une part l'expression de problématiques ou de clientèles négligées par l'intervention publique (face externe), d'autre part, l'incarnation de certaines valeurs au niveau même de son organisation (face interne): proxémie, empathie, durée, personnalisation des problèmes, etc. Cette émergence des «communautés» au sens de groupes représentatifs entérine leur rôle au croisement de la communauté comme «milieu de vie naturel» et de la «communauté» comme identité collective, dont elle est l'interface. Cependant, «une large part des problèmes des groupes et associations qui s'occupent de santé ne leur est pas propre. Comme l'ensemble du monde communautaire, ils sont à la fois en rupture et en demande d'État. L'État se désengage, désinstitutionnalise, ce qui lui permet d'atteindre ses propres objectifs en épargnant, et en même temps de rencontrer le désir des groupes de se prendre en mains, de désinstitutionnaliser, de déprofessionnaliser.» (Fortin, 1994: 182)

Malgré la velléité des CLSC d'intégrer les approches communautaires et d'utiliser la référence aux ressources du milieu, persiste une prédominance du modèle de santé publique, trop concentrée sur les «comportements», le champ d'action quantifiable et mesurable. Par contre, la «mouvance communautaire», plurielle et diversifiée (maisons de Jeunes, centres pour les femmes, centres d'action bénévole, maisons d'hébergement, associations de personnes handicapées) induit une critique de la médicalisation des processus de vie (naissance et vieillissement) et des pouvoirs médicaux, de l'enfermement institutionnel et de l'exclusion sociale. Une ambivalence permanente s'installe cependant entre, d'une part, la volonté de reconnaissance des programmes socio-communautaires par le réseau sanitaire public et, d'autre part, la critique des dynamiques techno-bureaucratico-professionnelles, une tension entre marginalité et institutionnalisation, entre intégrité et récupération. La «complémentarité» devient un terme piégé, qui peut dissimuler des processus de sous-traitance, de dumping, de morcellement de l'intervention. Les orientations publiques suscitent des inquiétudes, tant le maintien à domicile (vécu comme enfermement ou axé sur le travail exclusivement féminin) que le bénévolat (conçu comme exploitation ou privatisation des charges). La mouvance communautaire[5] se place essentiellement sur le terrain de la production symbolique de sens, comme actrice sociale «réclamant de la société qu'elle lui permette de produire plutôt que de subir son ou ses identités» (Lamoureux et Lesemann, 1987: 173). D'où la volonté de créer ou favoriser un lien social autogéré, démocratique, près des besoins et respectueux des cultures par «réappropriation» des capacités d'action.

Il s'avère incontestable que le Rapport Rochon a marqué une étape décisive en reconnaissant le rôle fondamental des organismes communautaires, ce qui sous-entendit une forme de rupture explicite avec l'affirmation hégémonique de l'État-Providence concernant l'orientation et la mise en pratique des programmes sociaux. À la suite de la crise financière des années 1980, l'État «a cherché à faire participer un plus grand nombre de partenaires des secteurs privé et communautaire à la prise en charge des programmes sociaux» (Laforest et Phillips, 2001: 55). Mais, par la même occasion, l'accent mis sur la complémentarité et la rentabilité des services fournis par le secteur communautaire contribua à détourner nombre d'organismes de leur vocation originelle, leur conférant une légitimité de «partenaire» grâce à l'accès au domaine politique, alors même que le souci essentiel d'une bonne partie d'entre eux restait la préservation de leur autonomie, la quête de ressources et la reconnaissance d'une spécificité organisationnelle et praticienne. Hautement politisé et nourri de réseaux intersectoriels solides, le secteur communautaire s'est affirmé comme un acteur clé sur le plan des politiques sociales, même si l'interaction avec le gouvernement a pris toutes les formes, de la collaboration au conflit ouvert. À la veille du référendum de 1995, le gouvernement du Québec a adopté la désignation d'«action communautaire autonome» pour désigner sa politique de reconnaissance et de soutien en réponse aux revendications des organismes les plus représentatifs. D'où la création du Secrétariat à l'action communautaire autonome du Québec (SACA) qui administre un fond d'aide et fait la promotion du bénévolat, ainsi que l'élaboration

---

5. L'approche communautaire s'avère un processus ambigu, car à la fois instrument d'adaptation pour l'État en crise *et* projet d'autonomie des acteurs sociaux. La crise de l'État-Providence impose des restrictions budgétaires et la réduction des aides sociales, qui dans le discours libéral ne doivent intervenir qu'en cas d'échec des mécanismes «naturels» de protection (marché, famille, milieu). Mais la crise de l'État est aussi politique (déresponsabilisation, technocratisation, corporatisme), d'où une critique de la médicalisation et de la psychiatrisation qui a pu favoriser la naissance de nombreuses associations (aide aux familles monoparentales, aux personnes en santé mentale, aux femmes, au maintien à domicile, etc.).

d'une entente cadre en 2001, qui permit d'énoncer les principes de base du partenariat: «Le secteur communautaire est traité non seulement comme un espace où la démocratie et la citoyenneté peuvent s'exercer, mais aussi comme un partenaire majeur de la lutte contre l'exclusion sociale et économique.» (*ibid.*: 61) Le développement local et «communautaire» se trouve ainsi légitimé publiquement au nom de l'émergence d'un «nouveau contrat de société» (Favreau, 1998: 5), différant de l'État-Providence, mais récusant le «tout marché», puisque les mouvements sociaux sont censés établir le lien entre volets économique (lutte contre le chômage, soutien matériel et services) et sociopolitique (participation citoyenne, intégration et auto-détermination). Les pratiques de partenariat se doivent, pour ne pas atrophier les capacités autonomes des mouvements communautaires, d'éviter deux écueils symétriquement inversés: instrumentalisation ou marginalisation. «L'autonomie signifie la capacité du mouvement de construire son discours à partir de lui-même, mais aussi d'énoncer ce discours sur la place publique, de lui donner prise sur la réalité sociale.» (Caillouette, 2001: 88) Car le mouvement n'est jamais hors de la réalité sociale qu'il veut changer, d'autant plus que la logique marchande, l'individualisation, l'atomisation, la désaffiliation et la vulnérabilité contribuent à un vide institutionnel prégnant. Le mouvement communautaire, qui incarne des «communautés» plurielles, hétérogènes et parfois contradictoires, ne pourrait théoriquement concevoir les partenariats que comme un «espace de conflit, de négociation et de médiation» (*ibid.*: 92) entre acteurs avec cultures et intérêts différents, voire divergents. Et par ailleurs, cette hétérogénéité intrinsèque, selon laquelle la composition des associations s'effectue souvent sur des bases particularistes, ethniques ou religieuses, fonctionnelles ou idéologiques, à partir d'intérêts singuliers et catégorisés, ne doit pas être considérée comme un bienfait «démocratique», *in abstracto*: «La délégation trop aveugle de représentation au secteur "privé non marchand" ne comporte pas une garantie *a priori* de plus d'égalité et de démocratie dans les rapports de force.» (Morvan, 2000: 149) Autrement dit, il convient de garder à l'esprit que «le communautaire, comme tout milieu social, se trouve lui aussi soumis aux relations de pouvoir, aux tractations malhonnêtes et à l'autoproclamation des leaders "représentatifs" du milieu» (Charbonneau, 1998: 124).

Ainsi, l'appel de l'État à la participation communautaire lors du procès de désinstitutionnalisation a été adressé beaucoup plus en réalité non pas aux communautés locales (parfois méfiantes et hostiles concernant des problématiques comme les personnes présentant des déficiences intellectuelles ou des problèmes de santé mentale, des pathologies lourdes, etc.) mais au milieu dit «naturel»: les familles (même si celles-ci étaient pensées moins disponibles et réceptives qu'auparavant). Dans les faits, les familles

– et bien entendu prioritairement les femmes – sont restées les principaux dispensateurs de soins aux membres en perte d'autonomie, accompagnées et soutenues par des associations bénévoles. L'existence des «communautés» à la suite de la désinstitutionnalisation se révèle, ainsi que le montre D. White (1994), plus le résultat de l'émergence d'actions sociales collectives et d'associations bénévoles que l'inverse. Les deux aspects consubstantiels de la plupart de ces organismes communautaires militants (une face instrumentale définie en fonction de l'action plus que de l'identité des membres, établissant une forte différence avec l'État et le marché par certaines caractéristiques organisationnelles comme l'absence de but lucratif / une face existentielle définie par une fonction expressive, qui ouvre une signification subjective pour les membres grâce aux interactions quotidiennes, aux émotions partagées, au sens de la lutte et à une identité commune)[6] se renforcent l'un l'autre pour consolider la référence à la «communauté» : «des communautés sont produites et reproduites par les pratiques réciproques de personnes animées d'un sentiment communautaire et d'organismes et de mouvements qui suscitent ce sentiment» (White, 1994: 44). Si ces communautés partagent rarement l'équivalent d'une «conscience de classe» ou d'une «conscience collective», «certaines associations en viennent à incarner des communautés simplement parce qu'elles disent les représenter» (idem). La promotion des liens informels par les organismes communautaires, en décalage avec «l'intégration sociale» visée par l'État par l'intermédiaire du marché du travail et des services subséquents, suscite une méfiance à l'égard des partenariats, pourtant vecteurs de financement stable : toute institutionnalisation du communautaire peut receler un danger de récupération et de sous-traitance, loin d'une vision (mythique?) des deux univers coopérant comme «partenaires égaux engagés dans des relations qui seraient "naturellement" complémentaires» (Nélisse, 1994: 181).

---

6. «Pour la gestion de l'exclusion, l'efficacité potentielle des organismes communautaires est intimement liée à la signification qu'ils revêtent aux yeux des participants. Cette efficacité ne découle donc pas d'une rationalité scientifique, mais des pouvoirs que confère la *vie associative*, c'est-à-dire le fait d'être ensemble, le partage de la vie quotidienne, la convivialité, l'aide mutuelle, la concertation et le consensus» (White, 19994: 46), c'est-à-dire des interactions mutuellement gratifiantes plus qu'un échange de services, une «expérience passagère de gratification commune» (idem) qui peut d'ailleurs disparaître avec l'institutionnalisation de l'organisme.

# CHAPITRE 4

# La communauté comme pluralisme des identités collectives : la « communauté identitaire »

........................................................................

Les « communautés identitaires » qui parcourent l'espace socio-politique de la modernité avancée paraissent avoir existé de tous temps, et d'une certaine manière, cela est vrai : la diversité des groupes (migrants, femmes, personnes handicapées, minorités religieuses ou autres) s'inscrivant dans une destinée commune à travers une succession de conflits et de désaccords sur le bien commun a longtemps été négligée au profit d'une écriture unanimiste et harmonieuse de l'histoire selon les canons de la mythologie nationale. Ce n'est ainsi que très récemment que leur rôle s'est trouvé réévalué selon une vision plus proche des aléas de la construction des sociétés modernes, en même temps que leurs revendications s'exprimaient plus fortement sur la scène publique. Dans le domaine de la santé et des services sociaux, les « communautés identitaires », à l'exception des collectivités anglophones et autochtones, n'existaient pas comme telles dans les discours officiels québécois : au début des années 1970, la pluralité politique et socio-économique se pense plutôt en termes de particularités locales, comme nous l'avons vu, mais surtout de groupes d'intérêt (lobbies) ou de groupes-cibles, à la fois sujets et objets des politiques sociales, suivant la mise en évidence de problématiques légitimées par la reconnaissance de l'État (a). Du fait du développement du mouvement nationalitaire au Québec et de la volonté de contrer les accusations d'ethnicisme venues d'un Canada ouvertement multiculturaliste, les énoncés officiels ont suivi dans les années 1980 la reconversion des groupes d'appartenance en « identités » reposant sur des « choix culturels » pluriels et diversifiés, sans voiler tout à fait la profonde équivoque consistant à insister sur le caractère idéalement électif et volontaire de toute « communauté », alors même que certaines d'entre elles n'existaient finalement que comme « populations vulnérables », cibles des politiques sociales volontaristes (b). Enfin, la pertinence de la catégorie de « communauté identitaire » s'est trouvée mise en question à travers la confrontation des aspirations du Québec comme

société distincte avec l'existence de minorités ethnoculturelles ou religieuses, lesquelles investissent le champ du «pluralisme» institutionnalisé pour
se voir reconnaître un statut officiel de médiation entre les personnes et la
société, en relative tension avec la citoyenneté égalitaire moderne (c).

## A) L'INEXISTENCE INITIALE DES «COMMUNAUTÉS IDENTITAIRES»

Dans le Rapport Castonguay, de nombreuses «catégories sociales»
sont envisagées comme populations-cibles des services sociaux, mais jamais
à titre de «communauté». Cette absence révélatrice se trouve particulièrement exemplifiée aux deux classes d'âge extrêmes de l'existence humaine. La jeunesse se voit reconnue dans son aspect de «contestation des
valeurs traditionnelles de la famille», et l'on souligne avec sympathie ses
aspirations à vivre de nouvelles relations communautaires dans les «communes» ou les coopératives. Mais, pour autant, la jeunesse ne doit pas
être comprise en termes de séparation ou de fragmentation par rapport au
reste de la société: elle n'a ni problèmes spécifiques, ni intérêts divergents
(Commission d'enquête, 1972: 90). Par contre, si les personnes âgées
vivent effectivement dans un état de ségrégation (séparation des âges) et
de méconnaissance de leurs problèmes (visible à travers les *a priori* sur la
fatigue, la lassitude, le dépassement, l'archaïsme censés caractériser leur
situation), il s'agit en réaction de mettre l'accent à mettre sur «l'autonomie
de la personne âgée», promouvant son indépendance, ses possibilités de
choix comme tout adulte: une «conception basée sur la reconnaissance de
l'individualisme des personnes âgées» (*ibid.*: 93), en faveur de l'épargne individuelle, du prolongement de la vie active, du maintien dans un logement
autonome, du développement des loisirs et de tous les programmes et services en faveur de l'indépendance. D'où la multiplication souhaitée des clubs
de l'Âge d'or pour faire connaître les besoins réels des personnes âgées et
des services sociaux appropriés à une amélioration de leurs conditions de
vie. Mais la construction d'hébergements n'est pas suffisamment accom-
pagnée «de programmes de services à domicile qui auraient permis aux
personnes âgées de demeurer le plus longtemps possible dans leur milieu
naturel, selon leurs propres vœux, et favorisé une meilleure intégration à la
vie communauté» (*ibid.*: 94). Il est très clair, à partir de ces deux exemples,
que tant pour les jeunes que pour les personnes âgées, la «communauté»
incarne une participation à une collectivité interpersonnelle localisée, à
une habitation ou à une vie de quartier, collectivité qui remplace (pour les
jeunes) ou englobe (pour les personnes âgées) le «milieu naturel» (familial), comme relais d'une participation «en valeurs» à la société globale, par

et pour l'autonomie («l'individualisme» au sens d'épanouissement subjectif par le truchement de la vie collective) des personnes.

Par ailleurs, et toujours pour souligner l'absence de connotation «communautaire» supposée de certaines «clientèles-cibles», le Rapport Castonguay évoque des services aux groupes, par exemple:

a) les personnes «handicapées»: handicapés physiques et mentaux (avec des «associations et organismes» afin de faciliter leur intégration familiale et sociale), mais aussi les alcooliques et les toxicomanes (un «type particulier de handicapés [*sic*]»), les handicapés sociaux («ex-détenus, chômeurs chroniques, ivrognes, vagabonds»), tous ayant un handicap «aux yeux de la société»;

b) les migrants (en difficultés d'insertion);

c) les «groupes ethniques»: «communautés esquimaudes [*sic*]» (*ibid.*: 100), «communautés indiennes» et autres minorités ethniques (35 groupes et 400 associations et organismes défendant leurs intérêts, avec comme exemple la «communauté juive»).

Il est visible que, au-delà du sens sociologique de «communauté locale», seuls les groupes les plus éloignés de la société québécoise, de ses traditions et de ses mœurs, sont considérés comme des communautés («ethniques»), au sens où ils conserveraient un mode interne d'organisation traditionnelle, non encore tout à fait détruit par l'individualisme moderne. Cependant, ces communautés différenciées (locales ou ethniques) s'intègrent, comme une «modalité d'être» parmi d'autres (sociales, économiques, classes d'âge) à une «société globale» qui ne s'appréhende plus sous l'angle d'une identité unitaire, mais qui, par suite du développement émancipateur moderne, conduit à la reconnaissance d'un pluralisme effectif des normes et des pratiques sociales. «Ce que l'on appelle la grande société ou la société globale est en effet constitué d'individus, de familles, de groupements d'intérêts, de communautés locales, de strates économiques, de groupes d'âge, de classes sociales... qui peuvent différer dans leur nature et dans leurs besoins, mais qui peuvent aussi, dans leur diversité, poursuivre des objectifs de services sociaux (se maintenir, s'intégrer ou se réintégrer dans ce qu'ils considèrent comme une vie normale) et de développement social (s'épanouir personnellement et progresser collectivement).» (*ibid.*: 245) Toutes les parties de la société constituent donc des «microsociétés», avec «leurs opinions, leurs attitudes, leurs valeurs et leurs comportements», par exemple «les besoins de la communauté juive québécoise», qui constitue bien à cet égard un «ancêtre» de la «communauté identitaire» aujourd'hui valorisée au fondement du «pluralisme culturel» interne à la société québécoise.

La catégorie des services sociaux «privés» procède elle «de valeurs socio-culturelles et projette dans l'action immédiate les intérêts proches des communautés et des groupes naturels» (*ibid.*: 246). Le champ est donc ouvert pour des «services privés communautaires», selon des «besoins particuliers à des groupes de familles, des bandes d'adolescents, des associations d'anciens prisonniers, des villages, des rues, des paroisses, des quartiers, des entreprises, etc., qui ne sont pas nécessairement ceux de la grande société. Leur expression contrevient même aux idées reçues de la société et celle-ci cherche parfois à les étouffer. Ainsi, des gens se rassemblent pour s'organiser entre eux, à partir de leurs ressources surtout personnelles, et tentent d'atteindre des objectifs sociaux qui leur apparaissent les plus significatifs. De telles initiatives sont indépendantes des objectifs poursuivis par la société et n'ont pas à être organisées ni subventionnées par l'ensemble de la population.» (*ibid.*: 247) On note donc le renvoi à la sphère «privée», sur un mode spécifiquement «républicain», de toute une série d'intérêts et de besoins qualifiés de minoritaires (voire marginaux ou périphériques, mais en tout cas n'ayant pas à être légitimés en tant que tels par l'intervention de l'État), alors qu'ils sont aujourd'hui reconnus comme illustrant la participation de «communautés identitaires» au domaine public, officiellement adoubées par l'attribution de subventions. Le Rapport Castonguay, paradigmatique en cela pour notre étude, s'attache ainsi à bien différencier, d'une part, les «communautés locales» qui bénéficieraient de l'aide et du soutien des services sociaux publics (par l'intermédiaire le plus souvent des «organismes communautaires» travaillant au développement local) dans la reconquête d'une solidarité et d'une intégration défaillantes, et d'autre part, les «groupes privés», ancêtres de ce qui deviendra les «communautés identitaires» contemporaines, rassemblées autour de traits catégoriels privilégiés (ethniques, religieux, moraux,) et qui demanderont la justice et l'équité sur une base de rapports à la sphère publique non envisagés par le schéma traditionnel (phénomène de la discrimination indirecte).

## B) LES COMMUNAUTÉS «IDENTITAIRES»: PLURALITÉ DE «CULTURES» OU DE VULNÉRABILITÉS?

La diversification de la composition ethnique du Québec gagne en importance surtout après les années 1970, avec la levée des exclusions concernant certains pays fournisseurs d'immigration par le gouvernement fédéral, alors que celle-ci provenait surtout d'Europe jusque-là (Italie, France, Royaume Uni). En 1988, le classement par ordre d'importance migratoire est le suivant: Haïti, États-Unis, France, Vietnam et Royaume

Uni. Montréal se présente comme une mosaïque de cent langues parlées et d'«une trentaine de communautés culturelles clairement identifiées» (Gouvernement du Québec, 1988: 18). Le statut socio-économique de la population immigrée est en général plus élevé que celui de la population locale, mais cette vérité générale doit être relativisée selon le lieu d'origine des «néo-Québécois»: la population originaire des Antilles et d'Amérique Centrale, par exemple, se classe parmi les plus pauvres recensées, caractérisées par un recours excessif au travail illégal et par un taux élevé de chômage féminin. Ces difficultés liées à la prise en compte du parcours migratoire ne trouvent encore à cet instant que trop peu d'écho dans l'action publique d'aide et de soutien, notamment dans le domaine de la santé: «La formation actuelle des intervenants ne les habilite guère à rendre des services ou à agir auprès des clientèles ayant des habitudes, des valeurs, une culture ou des comportements différents de l'ensemble de la population. De plus, les établissements seraient sous-équipés pour tenir compte de ces particularités. Tout se passe comme si les services offerts n'avaient pas encore réussi pleinement à s'ajuster à l'évolution ethnoculturelle au Québec.» (*ibid.*: 20) La conversion des services sociaux et des services de santé s'inscrit donc nécessairement dans la reconnaissance de «communautés culturelles», dont les demandes et valeurs particulières devront être prises en compte au sein de l'institution.

Mais, c'est au niveau des valeurs morales et de leur pluralité que s'impose un nouveau modèle, dont les aspirations des différents organismes communautaires représentent l'avant-garde: «Tout indique donc qu'à la faveur de l'évolution des dernières années, de nouveaux types de solidarités, fondés non plus sur des réseaux traditionnels, mais sur des choix culturels, des styles de vie ou des problèmes communs tendent à se substituer aux anciens modèles. Cette mobilisation des personnes et des collectivités autour de nouvelles formes d'entraide et de services revêt une ampleur réelle et prend un sens particulier.» (*ibid.*: 27) Un mouvement certes instable, éclaté dans ses manifestations, diversifié dans ses interventions, mais qui «témoigne sans contredit de la volonté d'expression et d'action autonome de la communauté. Il témoigne également d'un effort de réappropriation par les collectivités des savoir-faire naturels et s'inscrit dans la perspective de la reconstruction d'un milieu communautaire et d'un développement social collectif.» (idem) L'expression «reconstruction d'un milieu communautaire» joue donc sur la prise en compte d'une désagrégation avancée du modèle communautaire «traditionnel» et sa substitution par un nouveau type de communautés, plus hétérogènes, sans doute moins localisées, mais centrées autour de problématiques communes. L'État veut par exemple redéfinir ses politiques envers les «malades mentaux» (*ibid.*: 28) (y compris le problème des nouvelles places en hébergement pour les personnes âgées) par l'entremise notamment d'une aide croissante apportée aux organismes communautaires. L'enjeu est explicite: comment aider ces associations sans les scléroser? La frontière doit passer entre les services rendus par l'État et ceux «que la communauté peut et veut prendre à sa charge» (*ibid.*: 28). L'idéologème «communauté» est ici employé afin de renvoyer au terme plus vague de «population» ou plus politique de «société civile», mais se justifie aussi par la référence à un agir de revendication et de mobilisation: la «communauté» deviendrait donc explicite comme milieu de ressources pour l'aide et comme groupe d'action. Il convient de souligner le raccourci extrême et saisissant entre les significations sociales réelles des interventions (femmes battues, ex-psychiatrisés, jeunes en difficulté) et leur retraduction dans la perspective globale du «pluralisme des identités» porté par la subjectivisation du lien social («choix culturels, styles de vie ou problèmes communs»). Ce sont sans doute bien des «problèmes communs» mais ils n'ont bien souvent rien à voir avec les possibilités autonomes de «choix» ou de «styles» qui expriment la libre volonté de l'acteur par rapport à une appartenance anciennement «communautaire». De plus, l'idée de savoir-faire «naturel» de la «communauté» s'oppose toujours à l'action de l'État jugée «artificielle», notamment dans son rapport au «milieu de vie naturel», reproduisant une dichotomie binaire éculée et caricaturale dans sa portée théorique et ses conséquences pratiques.

Le «pluralisme» du Québec constitue souvent à la fois une réalité descriptive et une valeur normative. Si le Québec des années 1940-1950 était censé se caractériser selon tous les documents publics par son «monolithisme religieux», le Québec des années 1980 «s'affirme à travers ses différences: diversification de la composition ethnique, multiplication des formes de croyance religieuse, accroissement du nombre de groupes de pression représentant les intérêts de telle ou telle catégorie sociale, affirmation des identités régionales, diversité des itinéraires scolaires possibles, multiplication des formes de thérapie accessibles dans le domaine de la santé mentale et de la santé physique, complexification de la division du travail, diversification des formes d'appartenance syndicale ou corporatiste, tolérance plus grande à l'égard de l'homosexualité et ainsi de suite» (*ibid.*: 40). Un «pluralisme des valeurs, des attitudes et des comportements» qui tiendrait en partie de l'accroissement de la scolarisation pour l'ensemble des citoyens. Le défi des Affaires sociales, des gestionnaires et des intervenants consiste donc à prendre acte de cette évolution «naturelle», nécessitant «de prendre conscience de ce pluralisme et de respecter en profondeur les choix que les gens font, même si ces choix sont différents des leurs» (idem). Certes, il est possible de se demander en quoi l'âge, le sexe, la santé mentale ou physique (voir la liste non exhaustive proposée plus haut) représentent un «choix» individuel, un signe de «pluralisme» (qui sous-entend au moins la potentialité subjective de s'inscrire dans tel ou tel groupe d'appartenance) qui seraient essentiellement «nouveaux» (N'existaient-ils pas, et de façon certainement plus tranchée, notamment au niveau de la différenciation des rôles sociaux, dans le Québec «tradit-ionnel»?) alors que par ailleurs on insiste sur la formation de populations «vulnérables», «à risque» (en rapport aux conditions socio-économiques). Il y a là une tentative de «désessentialiser» toute définition (qui serait donc toujours «construite» sur un arbitraire social), tentative qui retombe ce-pendant sur une contradiction indécidable entre la valorisation de «choix» individuels et l'assignation à des catégories fragilisées (visant implicitement la conciliation idéale entre les deux valeurs d'intégration et d'autonomie chargées de lutter contre l'anomie et/ou la dépendance). Les populations vulnérables se concentrent dans certains quartiers et certaines zones des grandes villes, donc «les notions de "groupes à risque" et de "communau-té" deviennent indissociables» (*ibid.*: 85), selon la perception grandissante de l'importance des conditions environnementales matérielles et sociales sur les inégalités de santé: «Les disparités actuelles dans la répartition des ressources contribueraient à désavantager certaines communautés et à détériorer leur état de santé. Il se produirait même un transfert net des ressources publiques de communautés "malades" et en désintégration vers les communautés saines et en développement.» (*ibid.*: 86) Il n'est pas aisé de saisir ici si les «communautés» évoquées sont locales (quartiers) ou des groupes de personnes (identités): «L'appartenance à une communauté culturelle établie ayant ses propres institutions économiques et culturelles constitue également un soutien à l'adaptation, même si elle comporte par ailleurs le risque de se refermer sur un ghetto.» (*ibid.*: 124)

Le «pluralisme» révéré appelle néanmoins parfois certaines réser-ves, notamment par le «lobbying» qu'il impose et la fragmentation corpo-ratiste qui en découle: «Tout se passe comme si le système était devenu prisonnier des innombrables groupes d'intérêt qui le traversent: groupes de producteurs, groupes d'établissements, groupes de pression issus de la communauté, syndicats, etc.; que seule la loi du plus fort opérait et que les mécanismes démocratiques d'arbitrage ne suffisaient plus; que la personne à aider, la population à desservir, les besoins à combler, les problèmes à résoudre, bref le bien commun, avaient été oubliés au profit des intérêts propres à ces divers groupes.» (*ibid.*: 407) Sont cependant pris en compte «les services à des communautés particulières»: «La Commission insiste sur la nécessité de redonner la priorité aux clientèles, de faire de la person-ne le centre du système, de s'adapter aux particularités des communautés locales. Le système de services s'est déjà adapté à la situation de certaines communautés particulières notamment les communautés culturelles et les autochtones.» (*ibid.*: 534) La composition de plus en plus multiethnique de la population québécoise, notamment dans région métropolitaine de Montréal, offre une forte visibilité à une trentaine de «communautés culturelles». La communauté anglophone bénéficie certes de l'accessibilité linguistique, mais le problème subsiste pour les «communautés culturelles», spécifiquement pour leurs personnes âgées et les nouveaux arrivants. D'où la nécessité d'envisager des programmes de traduction et d'action positive pour l'intégration des membres des communautés culturelles dans les établissements, ainsi qu'une sensibilisation du personnel aux «besoins particuliers des communautés culturelles». Par ailleurs, il est jugé que les 50 000 autochtones du Québec ne souhaitent ni assimilation culturelle ni intégration sociale : ils vivent dans un monde différent de la société québécoise, ce qui justifie leur volonté d'autodétermination collective et leur affirmation d'une identité culturelle originale, à partir des trois grandes familles ethnolinguistiques (Algonquins, Iroquois, Inuits) et des dix nations. «La Commission propose enfin qu'on attache une importance toute particulière à l'accessibilité linguistique et culturelle aux services pour les communautés culturelles du Québec, notamment dans la région de Montréal. Elle propose également que les régies régionales de services sociaux et de services de santé desservant le territoire des communautés inuit [*sic*] et cries couvertes par les Conventions soient placées sous la juridiction de leur gouvernement respectif.» (*ibid.*: 544)

Dans *Une réforme axée sur le citoyen* (1990), le passage de l'État-Providence universaliste à l'État gestionnaire de la diversité se présente explicitement comme approfondissement de la mission de service public[1]. Dans une situation perçue comme «en évolution», suite à la «transformation radicale de la famille» comme «lieu de socialisation traditionnellement stable» et «milieu important de soutien» (Gouvernement du Québec (1990: 8), les «valeurs» sont reconnues chez les citoyens comme essentielles : «ils acceptent de plus en plus difficilement d'être traités sans égard à leurs valeurs ou leur culture, d'être privés de toute intimité» (*ibid.*: 13). Cette critique sous-jacente de l'universalisme abstrait se présente comme fondatrice, et sous-entend que le rôle de l'État-Providence s'était jusque-là borné à imposer des réformes sans tenir compte des «valeurs» ou de la «culture» individuelles ou collectives (ou du moins de se reposer sur *une* hiérarchie de valeurs homogène et unanimement partagée). De plus, le rapprochement effectué entre les «valeurs» individuelles et la privation d'intimité induit que les «valeurs» sont lues sur un plan strictement personnel, hors de toute «communauté» instituée, ce qui légitime le rapport à «l'intimité» en tant que catégorie identitaire constitutive. Au début des années 1960, l'État «met gratuitement à disposition de l'ensemble de la population une gamme variée de soins et services, sans distinction de revenu,

---

1. Dans une perspective plus large et s'appuyant sur le cas français, ce passage entre les deux modalités globales du rôle de l'État se trouve remarquablement théorisé dans Gauchet (1998).

d'âge, de race ou de lieu de résidence» (*ibid.*: 17), rappel de la dimension universaliste de l'État-Providence, alors qu'aujourd'hui, il faut «adapter l'ensemble des services aux besoins de groupes particuliers» (*ibid.*: 18), principalement autour de sept «clientèles»: personnes âgées, jeunes en difficulté, personnes handicapées, personnes alcooliques ou toxicomanes, nations autochtones, communauté anglophone et communautés culturelles. L'excessive hétérogénéité des groupes concernés s'avère patente: deux se fondent sur un critère d'âge (vieux, jeunes), trois sur un critère linguistique voire «culturel» (autochtones, anglophones, immigrés), deux enfin sur un critère de déficience psycho-physiologique (personnes handicapées, alcooliques-toxicomanes). Donnons un bref aperçu des orientations envisagées par le document afin de comprendre comment le recours à la «communauté» peut contribuer à améliorer les conditions d'existence pour chacune de ces catégories «vulnérables»:

*　Pour les personnes âgées, il s'agit d'encourager une valorisation de l'autonomie et de la participation, contre les «préjugés et contraintes» (*ibid.*: 24) issues de la société. L'aide aux familles (qui apportent autour de 70 à 80 % des soins) doit permettre de lutter contre la «dislocation des réseaux de soutien» afin d'accroître le «maintien dans le milieu de vie naturel», notamment grâce à la présence des organismes communautaires.

*　Pour les jeunes en difficultés: «Il faut que les familles aient accès à des formes d'aide diversifiées, dans leur milieu, pour éviter le placement de leurs enfants et empêcher les déplacements subséquents d'un milieu substitut à un autre.» (*ibid.*: 29) Il faut donc soutenir «des projets communautaires novateurs» et «des services de médiation familiale».

*　Quant aux personnes handicapées, marquées par «l'absence, la perte ou la diminution d'autonomie résultant d'une déficience physique ou intellectuelle» (*ibid.*: 30), elles doivent bénéficier de l'aide aux familles ainsi que d'une meilleure intégration sociale et professionnelle: les «services doivent être offerts le plus près possible des milieux de vie» (*ibid.*: 31).

*　Pour les personnes alcooliques ou les toxicomanes, il convient avant tout d'augmenter les budgets de prévention dans les «établissements et organismes communautaires» (*ibid.*: 32).

*　Dans les nations autochtones, «les services doivent donc s'adapter à ces diverses cultures; il importe d'abord de réaffirmer le droit, depuis longtemps reconnu au Québec, des nations autochtones d'avoir accès à des services conformes à leurs besoins et à leur mode de vie» (*ibid.*: 33), d'où une «autogestion des services par les communautés elles-mêmes».

\* La communauté anglophone doit évidemment pouvoir bénéficier de services en anglais.

\* Enfin, pour les communautés culturelles qui représentent 10 % de la population, il faut «instaurer un programme particulier d'accès aux services», mais également «mettre en place un programme d'égalité en emploi pour ces communautés dans le réseau de la santé et des services sociaux» (*ibid.*: 34), c'est-à-dire tenir compte de l'affiliation culturelle des établissements œuvrant auprès des communautés dans les quartiers.

D'après cette liste de «communautés» ou de «populations vulnérables» (il est clair que les deux vocables s'avèrent à ce niveau quasiment interchangeables, ce qui en dit long sur la nature des «identités» minoritaires présentées), la catégorie se trouve transfigurée afin de symboliser l'évolution du Québec vers le «pluralisme». Mais le prix à payer pour cela consiste à jouer de manière ambiguë sur des catégories hétérogènes et peu problématisées. Ce pluralisme se trouve par exemple également mobilisé dans la politique de santé et de bien-être, intitulée *Agir pour et avec les groupes vulnérables* (Gouvernement du Québec, 1992: 164). Les «groupes sociaux» affectés sont catégorisés selon le sexe, le groupe d'âge, la culture, le milieu géographique, l'incapacité, le niveau socio-économique: «Les actions, pour être efficaces, doivent être élaborées à partir des perceptions propres à ces groupes, de leurs valeurs, se traduire dans leur langage, mettre à contribution leur dynamisme, leurs forces et celles du milieu.» (idem) Le sexe et l'âge déterminent une «position particulière dans l'organisation sociale, des rapports de pouvoir et de dépendance qui modulent profondément les conditions de vie et les capacités d'agir de l'individu» (idem). Les jeunes, les personnes âgées, les personnes ayant des incapacités possèdent en commun un faible niveau d'intégration sociale et la non-reconnaissance de leur apport à la vie collective. Les «communautés culturelles» se trouvent également défavorisées, en raison des réactions négatives à leur endroit de la «communauté d'accueil». Les groupes vulnérables «sur le plan des communautés» sont enfin les populations récemment immigrées (il faudrait donc élaborer des services culturellement adaptés), les communautés autochtones (avec la nécessité exprimée d'une «autochtonisation» des services sociaux) et les populations vivant dans des quartiers défavorisés. Le gouvernement veut donc «intensifier l'action dans les communautés et les territoires où sont concentrés les groupes vulnérables» et «adapter les services aux valeurs et aux styles de vie de ces groupes» (*ibid.*: 167). Non seulement sont mélangés des collectifs aux caractéristiques extrêmement différentes, ce qui tend à subjectiviser profondément le recours aux «communautés» en termes de choix de vie et d'arbitraire «culturel», mais encore et surtout l'exigence de «tenir compte» des valeurs «culturelles» caractérisant l'existence collective des communautés vulnérables sous-entend une politique interventionniste *top-down* qui n'a à voir que de très loin avec l'*empowerment* généralement visé par certaines rhétoriques de développement local et de participation communautaire. Se révèle évidente «la dominance dans le projet technocratique de la représentation de la communauté comme mobilisation dans les relations sociales d'individus autour des sujets malades ou exclus, et non de la communauté comme système dynamique de réappropriation, de contrôle et de pouvoir sur les conditions et les projets du "vivre-ensemble"» (Lamoureux et Lesemann, 1987: 193).

## C) LES «COMMUNAUTÉS CULTURELLES» COMME MARQUEURS DU PLURALISME

La «communauté» telle qu'elle apparaît depuis les années 1980 se trouve conceptualisée à partir de traits identitaires partagés (langue, religion, phénotype, orientation sexuelle) reconnus comme tels par les porteurs de ces traits. Il faudrait tout un travail supplémentaire pour distinguer la manière dont l'État utilise son pouvoir de désignation et la façon dont les personnes catégorisées accueillent, récusent ou endossent cette désignation extérieure. De même, dans l'autre sens, il serait passionnant d'observer le travail en amont qui fournit à l'État les sources de catégorisations (le travail «scientifique» de l'anthropologie culturelle?). Pour en rester à notre sujet, il va être fondamental de noter qu'hormis l'emploi massif du terme «communauté» pour nommer ces groupes immigrés, les autres significations ne perdent pas pour autant toute importance, notamment en rapport avec la fameuse «communauté d'accueil» appelée à accueillir et à intégrer les nouveaux arrivants.

Dans le document daté de 1981 et intitulé *Autant de façons d'être Québécois* qui se veut un «plan d'action du gouvernement à l'intention des communautés culturelles», l'utilisation des termes «langue», «culture» et «groupe ethnique» est très fréquente afin de signifier l'existence de ces communautés, qui sont explicitement nommées «communautés culturelles québécoises» (Gouvernement du Québec, 1981: 20), ce qui souligne la différence entre le plan de la société globale québécoise et celui des regroupements partiels que sont les «communautés». De plus, on souligne la différenciation entre les établissements sociaux anglophones et ceux des communautés culturelles, ce qui tend à souligner le caractère spécifiquement «immigré» (ni canadien-français, ni canadien-anglais, ni autochtone) des groupes recevant le statut de «communauté culturelle». Le gouvernement veut «stimuler la connaissance des langues, des cultures et des traditions d'origine des communautés culturelles» (*ibid.*: 29). Ce qui ne

manque pas de surprendre tout au long de cette documentation, c'est
l'excessive hétérogénéité des réalités englobées par le recours au concept
de «communauté culturelle», qui redouble l'hétérogénéité que l'on tente
de démêler au niveau de l'emploi du concept général de «communauté».
Au fil des documents publics, ou même dans un seul, les «communautés
culturelles» apparaissent diverses au possible, allant jusqu'à connoter toute
altérité concevable sur ce plan: «communauté juive» (*ibid.*: 28), «Porto-
ricains» et «Noirs» (*ibid.*: 36), «communautés non francophones» (*ibid.*:
37), «communautés haïtienne, sud-asiatique, hellénique, vietnamienne,
chinoise, jamaïcaine, portugaise et les femmes noires», «communautés
africaine et cambodgienne» (Conseil des communautés culturelles, 1987:
10), «organismes des communautés noires» (*ibid.*: 20), etc. À la lecture de
ces exemples, il semble clair que le terme «communauté culturelle» sert à
désigner des regroupements aussi différents et arbitraires que la religion, la
langue, l'origine «nationale» (Chine, Portugal), l'origine régionale (Asie
du Sud) ou même continentale (Afrique), la couleur de peau (les Noirs),
sans parler des communautés «croisées» à partir de plusieurs variables
(les femmes noires). Le terme de «culture», malléable à souhait, sert ainsi à
caractériser toutes formes de groupes. Les «sous-groupes» communautaires (à l'intérieur des «communautés culturelles» proprement dites) sont
d'ailleurs explicitement cités en tant que tels: jeunes, personnes âgées, femmes, personnes handicapées, réfugiés.

Par rapport au réseau de la santé, il est souligné que la Charte des
droits et libertés crée un accès égalitaire sans discrimination et que les
ministères devront «assurer la présence au sein de leurs effectifs d'une
représentation équilibrée reflétant la diversité culturelle de la société québécoise» (Gouvernement du Québec, 1981: 57). Une société québécoise
culturellement diverse, mais linguistiquement francophone, appelant les
communautés minoritaires à s'intégrer au fait linguistique territorialement
majoritaire. Si l'inégalité d'accès aux services sociaux et de santé persiste,
c'est que le cadre d'intervention «n'a pas tenu compte de l'évolution ethnoculturelle de la société québécoise» (Conseil des communautés culturelles,
1987: 39). D'où le rappel de la déclaration du Gouvernement du Québec
sur les relations interethniques et interraciales en 1986 appelant à «favoriser le développement de mesures destinées à encourager l'épanouissement
économique, social et culturel des différents groupes ethniques, raciaux
et culturels de même que le développement des programmes d'accès à l'égalité» (*ibid.*: 40). La compréhension du «culturel» des «communautés
culturelles» émerge parfois explicitement: «une fraction grandissante de
la population québécoise accède difficilement à l'ensemble des services sociaux. Il s'agit des membres des communautés culturelles, plus précisément
les minorités ethniques et raciales.» (*ibid.*: 47)

Appelant au pluralisme – «Il est de notre devoir de faciliter l'intégration des nouveaux arrivants en respectant leurs valeurs et leur identité culturelle» (Comité sur l'accessibilité, 1987: 7) –, le Rapport Sirros instaure la répartition explicite des immigrants selon leur pays de naissance et revient sur le terme de communauté culturelle, utilisé par le gouvernement depuis 1981, qui «désigne l'ensemble des nouvelles communautés venues s'ajouter surtout au XX$^e$ siècle aux communautés déjà présentes au Québec, ces dernières étant composées principalement des descendants d'origine amérindienne, inuit [*sic*], française et britannique» (*ibid.*: 14). Le même terme sert donc enfin à désigner les groupes d'accueil et les groupes arrivants. En l'absence de critère objectif ou «scientifique» (origine ethnique, langue, pays de naissance, région, continent, religion ou race), «ce sont aux individus et à leurs associations que revient le soin de se définir selon l'une ou plusieurs caractéristiques communes» (idem). Les organismes communautaires sont donc engagés à construire leur «communauté», par la reconnaissance de certains membres. Environ 10 % de la population du Québec se déclare d'une origine ethnique «autre» au recensement de 1981 (ni français, ni anglais, ni autochtone), chiffre certainement sous-estimé.

Les conflits culturels chez les jeunes sont déclarés engendrés par les valeurs différentes transmises contradictoirement par leurs parents et par la «société» (*ibid.*: 26), explication qui laisse entendre l'opposition sociologique entre la «communauté» comme socialisation primaire liée à la parenté et la «société» comme environnement global et lieu de la socialisation secondaire. La discrimination générale, systémique et structurelle envers les membres des communautés culturelles (en raison de leurs langue, valeurs, apparence ou attitudes) doit être combattue par une embauche préférentielle dans le réseau de membres compétents issus de ces groupes: «ouverture de postes réservés au recrutement de membres des communautés culturelles possédant une expérience communautaire dans le domaine social ou médical» (*ibid.*: 72): la communauté culturelle se trouve mise en rapport avec les organismes représentants (organismes «communautaires») ainsi que l'action locale (la «communauté» comme milieu de vie). Les communautés culturelles s'apparentent à des «groupes minoritaires» (*ibid.*: 84), certaines communautés étant «peu nombreuses» ou bien leurs «membres sont dispersés sur le territoire». Concernant d'ailleurs l'accessibilité des membres des communautés culturelles aux services de santé et aux services sociaux, on fait mention d'une centaine de communautés culturelles dans la région du Grand Montréal (parlant plus d'une centaine de langues), dont un tiers des «minorités visibles». Les organismes communautaires devraient être le plus possible associés à la réalisation des programmes de services en collaboration avec les établissements et les professionnels, à partir de «revendications formulées directement par les organismes communautaires des communautés culturelles» (Conseil des communautés culturelles, 1990: 13).

Dans l'énoncé de la politique en matière d'immigration et d'intégration de 1990 (*Au Québec pour bâtir ensemble*), apparaît le rapprochement explicite sous l'utilisation du même terme «communauté» de la société d'accueil et des groupes immigrés. L'objectif avoué des relations intercommunautaires est qu'adviennent une meilleure connaissance et une meilleure compréhension de la société québécoise au sein des communautés culturelles, une plus grande reconnaissance de la réalité pluraliste dans l'ensemble de la population, «un rapprochement entre les communautés culturelles et la communauté majoritaire» (Gouvernement du Québec, 1990b: VII). L'expression «Québécois des communautés culturelles» permet de désigner les Québécois d'origine autre que française, britannique ou autochtone. Dans une relativisation du pluralisme trop mis en avant au cours des années précédentes, l'énoncé souhaite éviter une mise en relief des différences, puisque «dans une société démocratique, le choix de s'identifier ou non à son groupe d'origine appartient à chaque individu, et qu'anthropologiquement parlant, toutes les communautés du Québec pourraient être qualifiées de "culture"» (*ibid.*: 4). Ainsi, la politique québécoise se place sur le terrain même du multiculturalisme canadien à prédominance individualiste, d'une part, en faisant de toute appartenance un choix subjectif et, d'autre part, en rendant équivalentes ces appartenances communautaires, quel que soit le groupe d'affiliation (ethnique, religieux, politique). Bien entendu, la tension s'avère patente, quoique ici sous-estimée pour les besoins de la cause, avec la persistance du fait francophone en Amérique du Nord et les politiques mises en place afin de le préserver. L'expression «Québécois des communautés culturelles» doit être selon le document maintenue et utilisée afin de définir «deux réalités sociologiques importantes»: i) «le maintien chez beaucoup d'individus d'un sentiment d'attachement à leur culture d'origine et de participation dans la vie de leur communauté particulière», et ii) «la persistance de problèmes spécifiques de pleine participation à notre société liés, en tout ou en partie, à l'origine ethnique» (idem). «Environ un Québécois sur six s'identifie, à des degrés divers, à l'une des cent et quelque communautés culturelles présentes au Québec.» Vingt principales origines ethniques sont présentées, autres que française, britannique et autochtone: italienne, juive, grecque, noire, portugaise, allemande, arabe, chinoise, polonaise, sud-asiatique, espagnole, vietnamienne, antillaise, ukrainienne, latino-américaine, hongroise, belge, hollandaise et cambodgienne. L'énoncé semble bien conscient de la faiblesse de cette énumération, au flou avéré: «Cette auto-identification entraîne un certain chevauchement des catégories: certaines sont véritablement des origines "ethniques", alors que d'autres sont davantage raciales ou religieuses...» (*ibid.*: 5)

Le rapport entre les deux ensembles (groupe d'accueil et groupes d'immigrants) se veut caractérisé selon une interrelation dialogique, qui sous-tend que la société englobante est également une « communauté » : « L'intégration suppose en effet un double consentement : celui de l'immigrant à participer pleinement à la communauté et celui de la société d'accueil à s'ouvrir à cette participation et à la soutenir. » (*ibid.* : 45) Mais la « communauté » se situe également au double niveau (confondu) local et « ethnique », et ce, par l'intermédiaire des groupes communautaires : « La possibilité pour les nouveaux arrivants de s'appuyer sur l'expertise d'organismes de leurs communauté et de se retrouver en nombre suffisamment important pour recréer une vie communautaire qui leur permette d'amortir le choc culturel qu'engendre la migration constitue également un aspect déterminant de leur enracinement en région[2]. » (*ibid.* : 64) Il existe une forte équivoque dans le traitement de la question, soulignée par le fait de l'utilisation du terme « communauté » pour tous les cas : parfois l'on souhaite intégrer les communautés culturelles (comme rapport d'interconnaissance) à l'intérieur d'une « société d'accueil » qui englobe de multiples « communautés » (dont les francophones, les anglophones et les autochtones), parfois la « communauté québécoise » appelle à une convergence qui certes doit respecter le « pluralisme » culturel, mais néanmoins représente la va-leur globale (francophonie) d'une appartenance fondée sur la solidarité, le respect et les valeurs de coexistence pacifique. Certes, « les membres des communautés culturelles sont des Québécois et des Québécoises à part entière » (Conseil des communautés culturelles, 1991 : 3), mais « à l'orée du XXIᵉ siècle, le Québec ne cessera de confronter sa culture aux cultures d'ailleurs, et, à l'intérieur même de ses frontières, il développera sa culture avec d'autant plus de force que les rapports entre les diverses communau-tés qui le constituent seront harmonieux et dynamiques » (Gouvernement du Québec, 1992b : 24). *Des* communautés culturelles diverses mais *une* culture québécoise.

Le travail des organismes communautaires en vue de faciliter l'accès des communautés ethnoculturelles aux services se trouve mis en avant, car le réseau doit répondre adéquatement aux besoins particuliers « selon des modes qui assurent l'efficacité des services tout en respectant les valeurs culturelles et religieuses des personnes de ces communautés » (Gouvernement du Québec, 1994 : 15). Les obstacles à l'accessibilité des services sont nombreux : barrière linguistique, présence de symptômes liées à la « culture », services inadéquats pour des communautés qui rè-

---

2. Cette assertion reprend l'un des apports essentiels de l'école sociologique de Chicago, déjà présent chez l'un de ses fondateurs comme Thomas : la modalité de « réorganisation sociale » dans le parcours migratoire incarne ce moment d'adaptation à un nouvel univers culturel qui passe par la préservation « communautaire » provisoire de certains traits originels (habitat regroupé, éducation et presse dans la langue des migrants), qui à terme favorise non pas la création de « ghettos » mais au contraire l'intégration réussie à la société d'accueil.

glent les problèmes «au sein de la communauté» ou avec les parents proches. Par moments pointe un relativisme culturel conséquent qui légitime
l'auto-organisation hermétique des groupes ethnoculturels, tout en valorisant leur intégration: «les intervenants du réseau doivent encourager le recours aux formes habituelles de solution des problèmes à l'intérieur de la
culture propre de l'individu et renforcer la capacité des communautés à se
prendre en main» (*ibid.*: 21). L'organisme communautaire «constitue un
milieu d'appartenance ethnoculturelle qui brise l'isolement, crée des liens
et suscite la solidarité tout en favorisant l'intégration et l'adaptation des
groupes ethnoculturels à la société québécoise» (*ibid.*: 23). Mais l'évolution
de l'origine des flux migratoires doit être prise en considération (depuis le
changement d'immigration des années 1970), une origine non plus exclusivement européenne, mais s'abreuvant désormais à tous continents et
pays: «cette grande diversité des origines confère de plus en plus à la
société québécoise un caractère pluraliste sur les plans ethniques, culturels
et linguistiques. Cette diversité s'accompagne, dans le cas des *nouveaux
arrivants*, d'une distance culturelle importante et de difficultés de communication avec le personnel des divers réseaux de services publics et para-
publics.» (*ibid.*: 33) La «communauté ethnoculturelle» doit alors prévenir
une tendance naturelle à la ghettoïsation et jouer un rôle de «clé d'entrée»
pour les immigrés désirant s'intégrer à la nouvelle société: «Pour certains, il
arrive parfois que les communautés ethnoculturelles ou linguistiques en-
clavent et cloisonnent le nouvel arrivant; on craint une réaction d'enfermement, de stigmatisation des différences. [...] Pour le nouvel arrivant, la
communauté joue un rôle de relais affectif et d'entraide. Il est donc normal
qu'il cherche un appui initial auprès des autres membres de sa communauté déjà installée au Québec. Certains intervenants ont d'ailleurs fait
valoir ce rôle de premier plan joué par les organismes des communautés
ethnoculturelles dans le processus d'intégration.» (Conseil des relations
interculturelles, 1997: 22) Il faut donc «mieux reconnaître le rôle des organismes des communautés ethnoculturelles dans le processus d'accueil et
d'intégration, tout en soulignant qu'il faut éviter, dans la longue durée, la
tendance au morcellement ou au cloisonnement communautaire» (*ibid.*:
23). Les quatre idéaux-types de la «communauté» entrent ici en ligne de
compte, dans une articulation spécifique: les immigrants sont accueillis par
des «organismes communautaires» représentant des «communautés
culturelles» afin d'être intégrés dans un «milieu local» d'interconnaissance
qui définit une participation à la «communauté globale», ses valeurs, ses
normes et modes de socialité.

     Égalité citoyenne et intégration se révèlent les principes-phares qui
doivent guider l'action étatique, mais toujours dans le respect du pluralisme culturel (qui dénié aux non-francophones se retournerait contre les revendications québécoises à l'échelle canadienne): «Le Conseil affirme que

la reconnaissance du même statut de citoyens à part entière pour tous les Québécois ne doit pas ignorer les droits historiques reconnus à la minorité anglophone ni les autres appartenances significatives, par exemple à une communauté de culture ou de religion et qu'il importe du même souffle de reconnaître l'apport des organismes des communautés ethnoculturelles à la dynamique intégratrice.» (*ibid.*: 22-23) Il est même question, dans un document certes consultatif et issu de la mouvance des communautés culturelles, de «démocratie communautaire» (*ibid.*: 23). Mieux, l'égalité selon cette conception *passe* par la reconnaissance de la diversité, à l'inverse de la politique républicaine qui abstrait pour mieux rendre égal: «Par ailleurs, la citoyenneté démocratique suppose que toutes les catégories de citoyens soient équitablement représentées dans les institutions politiques. Le Conseil ne saurait oublier que les femmes, les minorités visibles ou les membres des communautés ethnoculturelles ne sont pas équitablement représentées politiquement.» (idem) La porte est alors ouverte non plus à une représentation «politique» (idéalement dégagée d'une «identité» exclusive, homogène et close), mais à une représentation de «catégories» de la population, qu'il revient en dernier ressort à l'État d'identifier, ou du moins de reconnaître officiellement. Les composantes du cadre civique commun «doivent être généralisables afin que tous les citoyens puissent y adhérer, quelle que soit leur communauté d'origine[3]» (*ibid.*: 28): primauté de la loi, respect des droits fondamentaux de tous les citoyens (égalité, liberté, sécurité et solidarité), partage du français comme langue commune. Un cadre «civique» qui, soit dit en passant, conserve un élément substantiel prépondérant (une langue spécifique de communication et d'échange) mais repose en dernière instance sur des idéaux «individualistes» (les valeurs de «liberté» ou d'«égalité» supposant la possibilité de choix autonome hors d'une tradition constituée définissant le bien inhérent aux parcours de vie). Afin d'appuyer la politique «d'égalité dans la différence», le document rappelle même le jugement prononcé par le Juge McIntyre de la Cour suprême du Canada: «le respect des différences, qui est l'essence d'une véritable égalité, exige souvent que des distinctions soient faites». D'où la revendication d'équité à l'encontre des discriminations, même indirectes: «La discrimination est indirecte lorsque, même en l'absence d'intention de discriminer, une règle ou une pratique apparemment neutre, appliquée de la même façon à tous et à toutes, exclut ou désavantage indûment certaines catégories de personnes.» (*ibid.*: 31) «Le Conseil réitère l'importance de combattre l'exclusion, le racisme, les stéréotypes et les préjugés entretenus à l'égard des membres de divers groupes, fondés sur des critères physiques (sexe, couleur de peau, handicap, grossesse), socioculturels (croyances,

---

3. Nous sommes proches ici du «consensus par recoupement» identifié par le dernier Rawls au fondement logique d'une société libérale démocratique dans les conditions du pluralisme moderne.

traditionalisme), économiques (situation de menace économique, de pauvreté) ou d'âge (jeunes et vieux) » (*ibid.*: 32) : la logique anti-discriminatoire, en harmonie avec les principes égalitaires classiques (par l'abstraction politique de la loi à l'encontre de toute appartenance « sociale »), se trouve projetée du même côté que les principes « différentialistes » qui tentent d'instaurer des distinctions non stigmatisantes par le recours à la « discrimination positive » (*affirmative action*).

## D) CONCLUSION

L'apparition d'un nouveau type de « communauté » lié à la définition substantielle d'une identité collective s'exprime paradoxalement comme un approfondissement de la logique d'individuation. L'égalité et la citoyenneté réclamées comme droits formels abstraits par l'individu, une fois endossées par l'État social, sont délaissées au profit des revendications concernant la reconnaissance de l'individu dans toute sa spécificité, y compris donc les traits et marqueurs identitaires qui le différencient. La revendication de « l'égalité dans la différence[4] » joue sur ce paradoxe : tout trait est un construit historico-social abusivement naturalisé, mais on s'appuie sur lui afin d'améliorer le sort des « communautés vulnérables » qu'il particularise. Les « communautés identitaires » apparaissent ainsi à l'intersection de cette « vulnérabilité » (Clément et Bolduc, 2004) ou de cette « discrimination » qu'ils contribuent à cristalliser pour un temps, quitte à projeter l'accès à une « différence » qui soit « égalitaire », à une « autonomie » qui soit « intégration » dans un futur plus ou moins proche : « Les découpages médicaux-sociaux des systèmes experts, en particulier ceux du champ de la santé (clinique ou communautaire et publique), ont donné naissance à des groupes distincts dans la population qui, par leur âge, leur sexe, une incapacité, une maladie, une exposition à un risque ou un mode de vie, sont devenus des sujets porteurs de types nouveaux de dangerosité sociale : à un pôle, la trop grande dépendance qu'ils pourraient accuser face à l'État ou à leurs proches, et à l'autre, la trop grande autonomie. » (Saillant, 2004 : 35) S'il a pu apparaître parfois contestable de rassembler sous l'étiquette d'une communauté comme « identité collective » des sujets comme les personnes souffrant de troubles mentaux ou présentant des déficiences intellectuelles, c'est parce que la qualification stigmatisante par et à l'intérieur d'une société globale constitue le point de départ de toute réflexion sur leur existence comme « population vulnérable » ou « groupe cible ». Puisqu'il s'agit avant tout « d'intégrer » ces personnes au sein de la société (une « commu-

---

4. Pour une critique logique et philosophique de ce slogan, voir Descombes, 1999 et Vibert 2000.

nauté » englobante au sens de valeurs partagées dans un espace d'interaction), toute velléité de les considérer comme constituant un groupe quasi-homogène pourrait aboutir à des effets contre-productifs. Les politiques de désinstitutionnalisation se présenteront surtout comme des tentatives de « repersonnaliser » l'individu souffrant, à travers sa trajectoire propre, son ancrage local et ses problèmes psycho-physiologiques particuliers. On atteint ici sans doute une «limite» intellectuelle de la «communauté» comme groupe de personnes rassemblées sous une problématique commune (et dans ce cas le plus souvent en totale méconnaissance de cette «communauté»), que la situation particulière des personnes en santé mentale ou présentant des déficiences intellectuelles, rend tout particulièrement aiguë et explicite. D'une part, la catégorie se fonde sur une qualification «minoritaire» au sein de la société, présentée comme une éventuelle marque identitaire à connotation péjorative et disqualifiante. Ce trait distinctif est alors récupéré et réutilisé à des fins « d'intégration » (contre l'anomie qui menace ces personnes, y compris paradoxalement lors de leur insertion dans le réseau institutionnel, source souvent d'un isolement affectif et émotionnel) poussant à une relativisation et à une «neutralisation» de l'idéal moral et normatif majoritaire (qui a dans un premier temps énoncé par ce trait une stigmatisation de ces personnes et donc permis leur regroupement sous un terme commun). D'autre part, la catégorie d'appartenance se trouve « déconstruite » comme englobante afin de replacer l'itinéraire individuel à la source des choix, décisions et valeurs de l'acteur, à partir de la valorisation de «l'autonomie» (faisant jouer l'autonomie contre la dépendance à l'égard tant du réseau institutionnel que de l'étiquette sociale). Cette tension constitutive de la «communautarisation» contemporaine se révèle tout à fait saillante dans le contexte spécifique des personnes en santé mentale ou présentant des déficiences intellectuelles.

Nombre d'auteurs ont relevé les similitudes présentées par les politiques canadienne de multiculturalisme et québécoise de convergence culturelle, notamment la visée d'équité ou le rejet de l'assimilation, qui reposent en bout de ligne sur la «reconnaissance de l'existence sociologique des communautés» (Pietrantonio, Juteau et McAndrew, 1996: 155) et de leur apport potentiel à l'intégration civique et à la participation citoyenne, tout en mettant sévèrement en garde contre les dangers de fragmentation communautariste. Aussi, il n'est guère étonnant que la notion de «communauté identitaire» puisse s'étendre dans les documents officiels à une multitude de regroupements collectifs de toutes sortes, profitant d'une labilité inédite de la notion de «culture». Avec, pour les détracteurs de cette extrême dilatation, les mêmes conséquences qu'au sein du cadre multiculturaliste canadien, à savoir l'accroissement exponentiel de revendications catégorielles, aboutissant non pas à la consolidation du bien commun, mais à un «amalgame de droits potentiellement contradictoires qui divise la société canadienne en groupes d'ayants droits aux intérêts conflictuels» (Bourque et Duchastel, 2000: 158). Au final, «la société est représentée comme résultante des actions dispersées de la pluralité des acteurs et le politique réduit à sa dimension fonctionnelle» (Beauchemin, 2004: 91).

La notion de «culture» laisse transparaître une perte de sens proportionnelle à son extension sémantique lorsqu'elle désigne tant le cadre – la visée d'une «culture publique commune au Québec» (Gay, 1996: 120) faite de valeurs et de normes partagées afin d'assurer une coexistence pacifique et un destin commun – que le contenu – la «culture» des diverses communautés minoritaires, religieuses, ethnoculturelles, sexuelles, morales, vulnérables qui possède une consistance propre et donne un horizon existentiel aux personnes la vivant –. La dissociation apparue au Québec entre culture (forcément plurielle dans la caractérisation d'une nation «civique») et langue (français comme langue publique commune et creuset de tous les groupes «ethnoculturels») souhaite permettre l'articulation entre la consolidation de la position majoritaire des francophones au Québec et l'ouverture d'une conscience nationale à son caractère hybride et métissé. Un «pluralisme» de communautés identitaires[5] dont le trait saillant se révèle être cette irréductible hétérogénéité qui érige toute caractéristique subjective[6] – héritée, imposée ou choisie – en critère de distinction collective. Car l'essence de cette logique des «communautés identitaires» consiste à rompre définitivement avec le résidu «essentialiste» qui subsistait encore pour les communautés «naturelles» traditionnelles transposées dans le «local» des zones urbaines comme nouvelles aires morales. Ces nouvelles communautés participent exemplairement du monde libéral démocratique, les différences dites «communautaires» ne pouvant fonder aucune hiérarchie, ni intra ni inter-groupale et, n'étant jamais exclusives les unes des autres, réclament seulement la concrétisation réelle, pratique de droits individuels égalitaires restés encore «formels» et non appliqués par suite de discriminations et stigmatisations de tous types. Par ailleurs, la nouvelle figure prise par un État désormais plus «arbitre» que «tuteur» s'accommode fort bien de la fragmentation apparente des «identités communautaires», qui aboutira en fin de compte à des demandes supplémentaires d'interven-

5. «Pluralisme» qui constitue un projet explicite non seulement pour les souverainistes désireux de charmer les «communautés culturelles», mais également pour bon nombre de chercheurs qui subsument sous le concept tant une analyse descriptive (le pluralisme comme fait, comme donnée intrinsèque de la société québécoise, sous-entendant une rupture avec le monolithisme traditionnel catholique) qu'une perspective normative (l'ouverture à l'autre, l'hybridation, la créolité en opposition axiologique au repli nationaliste, à la xénophobie, etc.). Voir par exemple Jenson (2000), Juteau (2000) et Karmis (2003) parmi les défenses de ce pluralisme sociologique et politique et Vibert (2004d) et Beauchemin (2004) pour une critique théorique et pratique de certains de ses aspects ignorés ou mécompris.

6. Pour une critique de la «subjectivation» de toute identité communautaire, voir par exemple Bauman (2001), Ditchev (2001) et Vibert (2003).

tions publiques et administratives, afin de corriger des inégalités toujours plus profondes ou pour juger de la validité respective de problématiques entrées (souvent contre leur gré) en concurrence pour la reconnaissance de leur urgence sociale.

# CHAPITRE 5

# Les valeurs de la «communauté»: l'appartenance autonome comme idéal de la «communauté sociétale»

La dernière figure prise par la «communauté» dans les écrits officiels se révèle plus rare et se perçoit de façon beaucoup plus implicite. Car elle ne se dessine souvent qu'en creux, comme le fond sur lequel viennent se dessiner les communautés locales, les organismes communautaires et les communautés identitaires qui composent le paysage de la santé et des services sociaux. Car, nul doute que, autant que pour les autres figures, la «communauté sociétale» au Québec s'avère finalement assez difficile à appréhender: si le caractère de «société distincte» fait quasiment unanimité, l'affirmation nationale se trouve quant à elle sujette aux aléas historiques et politiques que l'on connaît. Et de ce fait, l'État québécois préfère la plupart du temps employer des termes relativement neutres – à l'instar de ceux de «population» ou de «société» – pour désigner la «communauté des citoyens» de la province de Québec, tous également citoyens canadiens pour un certain temps encore. Les allusions à la «communauté sociétale» – qui rajoute au terme de «société» une sorte de «bonus idéologique» tenant aux valeurs sous-entendues de solidarité et de fraternité – ne se déploient le plus souvent qu'à l'aune d'un rappel de la légitimité démocratique de l'action étatique (le peuple ou la nation comme détenteurs de la souveraineté, comme «communautés d'accueil» pour les immigrants récents), reprenant les idéaux contenus dans le partage d'une citoyenneté égalitaire (vecteur de droits et de devoirs communs) au-delà des appartenances particulières, sociales, ethniques, religieuses ou autres. C'est en ce sens que les critiques à l'encontre du processus de désinstitutionnalisation ont souvent mis en évidence le fait que les communautés «locales» (quartier ou voisinage) ne faisaient qu'exprimer les normes et valeurs majoritaires dans la population, avec ce que cela suppose comme résistance au militantisme progressiste et aux actions sociales d'avant-garde (a). Par ailleurs, l'État comme représentant de cette «communauté sociétale» se doit parfois de rappeler, à l'encontre de l'apologie unilatérale d'un pluralisme culturel exacerbé, les limites

«culturelles» sous-tendant l'appartenance à un horizon de valeurs partagées, fût-il fondé uniquement sur les principes les plus largement indiscutés,
à savoir les droits fondamentaux de la personne et la pratique d'une langue
publique qui se manifestent comme vecteurs d'inclusion sociétale et d'expression différenciée (b).

## A) L'APPARITION DE LA «COMMUNAUTÉ GLOBALE» SUR FOND DE LA «COMMUNAUTÉ LOCALE»

Pour le Rapport Castonguay, à un moment charnière de la légitimation de l'État providence comme autodétermination d'une nation dans
l'histoire, le secteur des services sociaux doit incarner les valeurs de «solidarité humaine et de charité chrétienne», tout en utilisant des «méthodes
modernes d'efficacité et de rendement» (Commission d'enquête, 1972 :
75) : l'idéal d'aide s'inscrit dans une perspective explicitement humaniste
de type chrétien, transposée dans le laïcisme moral des Droits de l'Homme.
L'intégration et l'autonomie joueront ainsi un rôle de valeurs-pivots initiant
l'inscription dans la «communauté», indissociablement locale, mobilisée,
identitaire et globale, devenue ultimement «communauté-société» : «On
parle d'intégration à la société lorsque les individus et les groupes qui forment le milieu social incorporent un certain nombre de modèles, de comportements, de normes et de valeurs qui leur permettent de participer de
manière autonome à la vie en société.» (Gouvernement du Québec, 1988 :
115)

L'appel à la «communauté» comme garante globale de l'intégration
et de l'autonomie de catégories vulnérables est particulièrement visible dans
l'exemple de la désinstitutionnalisation. Certains patients, du fait notamment des faibles ressources allouées aux familles afin de prendre le relais
du réseau public, deviennent des itinérants : «Bien que les ressources intermédiaires et communautaires soient disposées à maintenir et à soutenir la
personne dans son milieu de vie, elles ne peuvent combler tous les besoins.»
(*ibid.* : 188) D'où un constat sévère : «Il y a eu désinstitutionnalisation sans
réinsertion sociale.» C'est bien dans ce rapport à une «citoyenneté» globale, comme intégration sociale dans une société «commune», que se marque la spécificité du discours étatique renvoyant à la nécessité du lien social
(comme extension du soutien «naturel» trouvé dans la famille) pour l'autonomie et le bien-être de l'individu : «La désinstitutionnalisation, finalement,
implique la participation de la communauté. La population est appelée à
côtoyer des personnes souffrant de problèmes psychiatriques et à soutenir
les efforts de réinsertion de cette clientèle [...]. La famille du malade a un
rôle primordial à jouer dans le traitement et dans la réinsertion. La voie de

la désinstitutionnalisation et de la non-institutionnalisation sur laquelle on s'est engagé nécessite un partage des responsabilités entre les intervenants et les aidants naturels, de même qu'un partage des ressources.» (*ibid.*: 189) La «communauté» requise pour un processus de désinstitutionnalisation viable s'avère être la «population» dans son ensemble, avec comme visée à terme la transformation de ses «valeurs», si elles ne correspondent pas au mouvement en cours, à travers, par exemple, un travail de sensibilisation qui devra être effectué par les organismes communautaires en charge de cette problématique sociale.

Car il convient en quelque sorte de «susciter le désir de communauté», qui seul permet d'inscrire le processus de désinstitutionnalisation dans une viabilité à long terme, et ce, afin d'atténuer certaines conséquences négatives qui nuisent à l'idéal recours à la communauté: «D'une part, on aura tôt fait de constater que la communauté, au sens un peu mythique et traditionnel du terme, s'est elle-même profondément transformée: elle n'est pas forcément disposée, d'emblée, à assumer les responsabilités qu'on lui délègue; indifférence et intolérance y sont parfois plus répandues que solidarité et bienveillance, observe-t-on; la communauté n'a pas non plus nécessairement les ressources et les compétences requises pour s'acquitter de certaines missions. D'autre part, peu de ressources nouvelles seront allouées à la communauté pour lui permettre d'assumer ses nouvelles responsabilités.» (*ibid.*: 300) Il appartient aux groupes et aux communautés organisées (sur une base géographique, d'appartenance ou d'objectifs communs) de faire émerger les besoins sociaux et d'en être les porteurs: «Ces besoins ne sont jamais de nouveaux besoins puisqu'ils existent de manière explicite ou latente. Des groupes ou des organismes font en sorte qu'ils soient reconnus et que la société soit appelée à en prendre charge.» (Rapport du Comité d'orientation, 1996: 34) La communauté n'apparaît ici que comme un intermédiaire, comme un principe de visibilité provisoire, avant la réorganisation de la société inscrivant l'évolution des mentalités au cœur de sa dynamique politique et sociale. Les organismes communautaires deviennent à cet effet des «agences de placement, d'encadrement ou de contrôle des personnes assistées sociales» (*ibid.*: 38) et ce sont alors les dangers et impasses du «tout à la communauté» qui sont soulignés, sous-entendant le rôle indépassable de la «grande communauté» nationale dans le maintien de la justice sociale et de l'égalité civile, notamment par l'entremise de l'interventionnisme étatique (retour aux anciennes formes d'iniquité, à l'arbitraire, à la discrimination envers les femmes): «Les valeurs et les pratiques développées par les organismes communautaires et plus particulièrement par le mouvement des femmes ont donc contribué à démocratiser et la façon de comprendre et la façon d'agir face à nombre de problématiques sociales.» (*ibid.*: 47-48)

Reste que le «recours aux communautés» s'institutionnalise comme une évolution logique des systèmes sociaux et de santé, conformément au pluralisme croissant de la société: «En donnant aux communautés une responsabilité et un pouvoir accrus dans la définition des enjeux et dans les arbitrages, en rendant les producteurs plus directement responsables de leurs activités devant ces communautés, le système sera moins refermé sur lui-même.» (Gouvernement du Québec, 1988: 479) Ainsi, «on replace la personne, son entourage, la communauté au centre d'un système qui a pour mission de répondre à ses besoins. Cela veut dire que la population participe au débat sur les priorités, que les objectifs, les résultats et les moyens sont adaptés à ses valeurs et à ses préférences.» (idem) «La population», autrement dit l'ensemble des citoyens de la «société», va se situer idéalement à la fois comme sujet et comme objet de l'action étatique, en inspirant les orientations et en recourant aux services. Mais, cette «communauté sociétale» ne peut être conçue qu'à partir de sa répartition au sein de sphères géographiques, professionnelles ou identitaires.

En effet, un mécanisme d'interaction, d'échange, de *feed back* doit permettre une meilleure adaptation des services aux populations concernées, selon un mouvement réciproque d'échanges entre État et société civile: «Mettre à contribution tous les dynamismes locaux ou régionaux qui se manifestent à travers les organismes communautaires, les groupes bénévoles, les associations, lesquels permettent de connaître les besoins de la population.» (*ibid.*: 480) S'organise la concertation des organismes communautaires et bénévoles, qui doivent siéger aux tables locales ou régionales de concertation. De même, la collaboration intersectorielle «doit se concrétiser jusqu'aux niveaux d'action locaux et régionaux et notamment favoriser la participation des organismes communautaires» (*ibid.*: 484). Néanmoins, «cette façon d'offrir des services exige plus de participation du patient lui-même, de sa famille et de sa communauté. Si l'on vit plus longtemps qu'avant en meilleure santé, on vit aussi plus longtemps avec des incapacités. On demeure aussi le plus longtemps possible dans la communauté. C'est ce que la population souhaite, à condition que les services requis et les ressources nécessaires soient disponibles.» (Commission d'étude sur les services, 2000: 22) Pour les personnes ayant des problèmes de santé mentale, «on devrait faire appel à l'expertise des organismes communautaires, dans une approche de subsidiarité, afin de permettre aux personnes de vivre le plus longtemps possible dans leur communauté» (*ibid.*: 76). «Le tiers secteur est actif dans la distribution des services et joue également un rôle de premier plan dans la définition des besoins de la communauté. Issu de la dynamique communautaire, il porte en lui une grande sensibilité aux besoins sociosanitaires.» (*ibid.*: 178) La gouverne nationale doit «rapprocher les centres de décision des personnes et de la communauté concernées par les décisions» (*ibid.*: 204).

Un accent particulier sur la « communauté sociétale » que peut et doit représenter à terme le Québec peut être discerné à partir du rapport entre communautés culturelles et communauté d'accueil, notamment par l'évocation de « l'éveil récent de la communauté francophone à ses responsabilités d'accueil » (Gouvernement du Québec, 1990b : 6) : « La communauté francophone aura mis du temps à se définir comme une communauté d'accueil qui oriente et soutient la démarche d'intégration des immigrants. » (idem) « Pour l'immigrant, l'apprentissage du français vient appuyer le développement de son sentiment d'appartenance à la communauté québécoise. » (*ibid.* : 16) On note l'emploi synonymique des prédicats qui définissent la « communauté » : elle est « d'accueil », « francophone » et « québécoise ». Mais la variation porte aussi sur la nature de l'entité accueillante, visible à travers l'utilisation des expressions « société d'accueil » (idem), « communauté d'accueil » (idem) et « collectivité d'accueil » (*ibid.* : 17).

L'un des traits tout à fait original dans les documents concernant les personnes désinstitutionnalisées est la mise en évidence d'une équation selon laquelle la « communauté locale » comme milieu de vie constitue avant tout une partie localisée de la « communauté sociale » globale. Cela est sans doute dû à une sensibilité exacerbée concernant les phénomènes de rejet, de méfiance et d'intolérance dont peuvent faire preuve les communautés locales, simple reflet des perceptions générales de la population à l'égard des personnes connaissant des problèmes en santé mentale ou présentant des déficiences intellectuelles. Ce phénomène va apparaître de plus en plus prégnant au fil des années, d'où une appréciation plus négative de ces deux types de « communauté » (sociétale et locale), notamment lorsqu'ils sont mis en opposition avec l'action des organismes communautaires qui eux travaillent à l'intégration des personnes ayant des problèmes en santé mentale ou des déficiences intellectuelles dans « leur » communauté d'origine, c'est-à-dire leur lieu d'habitation. C'est bien à travers ce schéma que se découvre de la façon la plus nette la polysémie problématique de la notion de « communauté », qui ici prend non seulement des aspects quantitatifs et qualitatifs différents, mais surtout définit des espaces de valeurs quasiment opposés : « Parfois certains groupes promoteurs font face à des préjugés, au syndrome du "pas dans ma cour". Non seulement doivent-ils rendre visible le problème social mais également sensibiliser les communautés locales à s'ouvrir à cette problématique. On pense en particulier aux expériences parfois difficiles de groupes travaillant avec des personnes atteintes du S.I.D.A., ou celles ayant des problèmes de santé mentale, etc. » (Rapport du Comité d'orientation, 1996 : 35)

Signe de son importance théorique, c'est bien en rapport à la « communauté » que va être jugée et interprétée la valeur caractéristique du tournant des années 2000 : l'intégration et la participation à la société. Effectuer la réinsertion sociale de personnes qui vivaient en milieu institutionnel par leur transfert au sein de ressources résidentielles de la communauté doit entraîner une valorisation des rôles sociaux, c'est-à-dire une intégration sociale par le partage des mêmes lieux, l'utilisation régulière des services publics et des équipements collectifs ainsi que par l'appartenance «communautaire» qui permet de bénéficier de relations variées et de qualité et d'avoir accès à des rôles et à des statuts valorisés. L'aspect «communautaire» de l'intégration sociale se révèle somme toute assez vague, puisqu'il juxtapose des renvois à l'interpersonnalité («relations») et à la participation proprement dite (l'accès à des «rôles» sociaux: professionnels, associatifs), donc une vision «globale» de l'identité personnelle qui ne permet pas vraiment de distinguer ce qui ne serait pas «communautaire»...

## B) LA COMMUNAUTÉ ENGLOBANTE ET LES COMMUNAUTÉS IDENTITAIRES

L'emploi récurrent du terme «communauté» et les logiques qu'il emmène sur le plan des orientations de politiques publiques se perçoit dans la présentation progressivement généralisée qui est faite de la constitution d'un espace civique commun québécois comme un mode d'aménagement de la diversité. Sont mises en avant la «diversité ethnoculturelle découlant de l'immigration», mais surtout la diversification interne de la société québécoise elle-même, à la suite de «l'affirmation des droits de la personne et l'effritement des idéologies uniformisantes» (Conseil des relations interculturelles, 1997: 8), ce qui juxtapose le pluralisme collectif des communautés «culturelles» et le pluralisme individualiste politique (civique) d'une société post-religieuse. Le principe de l'appartenance individuo-universaliste égalitaire propre à l'État-nation moderne est maintenu et rappelé, comme inclusion dans une communauté de niveau politique: «La citoyenneté est le statut par lequel, au-delà des distinction sociales, ethniques et religieuses, tous les citoyens et les citoyennes adhèrent à la même communauté politique et acceptent de participer en toute égalité à un devenir commun.» (*ibid.*: 13) Certes, il doit bien être entendu que jamais le Québec n'a été une société homogène, depuis les patois variés des premiers Français jusqu'aux peuples autochtones, en passant par les populations noires d'origine africaine, l'immigration britannique et la présence des Juifs. Mais dans les années 1960 se développe une nouvelle conception de la nation, «conçue désormais comme une communauté d'appartenance civique de l'ensemble des citoyens vivant sur un territoire commun» (*ibid.*: 15). Si «le concept de communauté ethnoculturelle» – qui «quant à lui, réfère à un sentiment d'appartenance à un groupe ethnique qui partage une culture, des traditions et, souvent, une même langue d'origine» (*ibid.*: 17) – incite à l'appréciation positive du pluralisme, l'appartenance au Québec repose néanmoins sur le «refus d'un certain relativisme culturel» et la nécessité de «renforcer l'identification de tous et toutes à la communauté politique québécoise» (idem). L'immigration nouvelle (Afrique, Asie, Antilles et Amérique du Sud) entraîne la présence de «minorités visibles» au Canada, qui composent en 1997 11 % de la population à Montréal, 25 % à Toronto, 24 % à Vancouver. Le multiculturalisme, politique d'Ottawa, considère «la communauté francophone comme une communauté ethnoculturelle parmi d'autres» (*ibid.*: 20), et c'est bien là le nœud du problème. Le fondement des politiques gouvernementales au Québec se veut intrinsèquement lié à la permanence du fait francophone, entraînant finalement «la décision de ne soutenir financièrement que les organismes pluriethniques ainsi que la disparition des mots "communautés culturelles" des institutions gouvernementales» (idem). Il est ici évident que le terme même de «communautés culturelles», malgré une légitimité longue de plusieurs années, s'avère au bout du compte trop marqué par son côté «communautariste» pour pouvoir continuer à être employé dans les politiques publiques québécoises. On préfère alors insister sur l'opposition des deux modèles: assimilation (modèle connoté péjorativement: oubli des valeurs, de la culture, de la langue d'origine) vs intégration (respect de la différence et réciprocité d'intention entre accueillants et immigrants), qui prône la «prise en compte de la diversité ethnoculturelle dans le respect des valeurs communes largement partagées» (*ibid.*: 21), et doit définir la politique québécoise (même si elle ne s'oppose pas sur ce point à la politique canadienne). Cette visée peut se traduire par la volonté de subordonner la diversité «ethnique» à la communauté «politique», qui la légitime institutionnellement tout en l'encadrant normativement.

De plus, le «pluralisme culturel» en tant que respect des différences doit être à un certain point limité par la vision «libérale» portant les droits individuels inaliénables, ce qui *de facto* conteste l'existence légitime de certaines «communautés» culturelles non respectueuses de ces droits: «En tant que société démocratique, toutes nos règles de droit issues du Code civil du Québec ou du Code criminel en matière de protection de droits fondamentaux, notamment eu égard à celles qui s'appliquent aux femmes et aux enfants, sont non négociables: égalité des époux, collégialité de la direction de la famille, âge minimum requis pour le mariage, interdiction du viol conjugal, monogamie, interdiction de violence envers un conjoint ou un enfant, égalité des enfants, filiation, droit à l'héritage, droit à l'intégrité physique (prohibition du viol, de l'inceste, de la violence conjugale et familiale, des mutilations sexuelles).» (*ibid.*: 33) L'explicitation de ces «droits de l'homme» comme constituant la base de la société québécoise moderne montre combien l'exercice empirique du «pluralisme culturel» ne peut être *que* limité, puisque la « coexistence interculturelle » présuppose l'accord sur ces principes fondamentaux aussi « culturels » que les abus qu'ils contestent, bien qu'ils procèdent par universalisation de leurs réquisits. Cette protection des « droits fondamentaux » de l'individu constitue bien à cet égard une barrière infranchissable pour la diversité culturelle : « Le Conseil tient à préciser que l'exercice des libertés peut également avoir comme limites d'autres valeurs ou droits fondamentaux. Par exemple, si la liberté de croyance ou de religion constitue un droit dont tous doivent jouir également, peu importe leur origine, elle peut rencontrer des limites lorsque certaines pratiques contreviennent à des valeurs ou à des normes fondamentales (égalité hommes-femmes, droit à la vie, intégrité du corps). » (*ibid.* : 34) Il y va d'un arbitrage entre différents droits fondamentaux, qui relève en dernière instance de la souveraineté de l'État.

Le statut de la langue française incarne un révélateur prépondérant pour les apories liées à cette question : « Les participants à la consultation ont fortement rejeté l'idée du rôle assimilateur du français et de l'identification du français comme langue d'une communauté particulière, en l'occurrence celle de la majorité francophone, dans l'espace civique. Le français doit être considéré comme un instrument privilégié pour entretenir le dialogue interculturel et l'accent doit être mis sur son rôle intégrateur. » (*ibid.* : 38) Cette déclaration d'intention s'avère *de facto* contradictoire, puisqu'elle offre un statut purement instrumental à une langue (langue de communication « interculturelle »), tout en souhaitant défendre le fait même de l'existence de cette langue à l'échelle continentale comme possédant implicitement une « valeur » propre (puisqu'on craint sa disparition « naturelle » sans politique volontariste). Le balancement entre apologie de la diversité et maintien d'une cohésion « nationale » (ou à vocation nationale) dessine la dynamique d'une inévitable tension qui se noue autour de l'emploi du même terme (« communauté ») pour désigner tant, d'une part, l'ensemble politique idéalement valorisé comme espace d'intégration et d'interaction que, d'autre part, les collectivités qui y participent sur le fondement d'une différence avérée : les cours d'histoire « devraient être plus globaux et leurs contenus plus représentatifs de l'apport des membres des diverses communautés qui composent aujourd'hui la société québécoise » (*ibid.* : 58). D'autant qu'il est possible de jouer sur le double sens du terme « communauté » (locale *et* identitaire) pour entériner la nécessité d'intégration : « Une amélioration des relations entre l'école et sa communauté est par ailleurs nécessaire à une intégration réussie. La participation des parents des communautés ethnoculturelles aux mécanismes scolaires et à la définition des orientations éducatives n'est pas encore suffisante. » (*ibid.* : 61) Cela est attesté par l'analyse de « la vie communautaire » (*ibid.* : 85) : les municipalités doivent favoriser intégration des citoyens appartenant à des minorités, et: «Pour leur part, les organismes communautaires reconnaissent qu'ils doivent développer des sensibilités et faire plus d'efforts pour intégrer les nouveaux arrivants et les inciter à une vie associative au sein de l'ensemble de la population québécoise.» (idem)

## C) CONCLUSION

Souvent, le rapport à la «communauté locale» apparaît comme une analogie du rapport à la communauté «sociétale» globale en ce qu'elle l'incarne au niveau microsocial. Cette analogie local/global est surtout perceptible quand les valeurs des «communautés identitaires» (qui peuvent autant relever d'une caractérisation ethnique ou religieuse que d'une délimitation à partir de «vulnérabilités» ou de «fragilités» spécifiques) portées par les organismes communautaires s'opposent aux normes, valeurs ou pratiques majoritaires, incarnées à un niveau local (les quartiers ou villages) ou global (l'État ou les mœurs). Car c'est surtout l'État, ses lois et ses activités, qui manifeste la figure de la «communauté globale», et en ce sens, la «communauté active», militante politiquement et engagée sur le terrain, ne se trouve donc plus en continuité, mais bien au contraire en opposition avec les valeurs morales et matérielles inhérentes aux communautés locales, dont la communauté globale n'est qu'une extension, et ce, parce que les organismes communautaires défendent souvent des problématiques minoritaires et identitaires.

Cependant, les «communautés» locales, organisées ou identitaires n'entendent certainement pas laisser à l'État le monopole définitionnel de la «communauté sociétale» en constante évolution. Au contraire pourrait-on dire: au fond idéologique (largement implicite) de la plupart des revendications «communautariennes» se manifeste comme inéluctablement une ambition de représentativité et d'expression en concurrence au travail de la puissance publique, ambition qui provient (et qui contribue à le définir en retour dans une chaîne rétroactive continue) d'un quasi-sujet politique dorénavant nommé «société civile». Celle-ci se conçoit ainsi idéalement «comme une sphère de solidarité dans laquelle un certain type de communauté universelle vient à être graduellement défini et renforcé à quelque degré» (Alexander, 1998: 7). La «solidarité communautaire» devrait donc progressivement émerger à travers une opinion publique, des codes culturels ainsi que des institutions particulières. Les acteurs économiquement ou socialement non privilégiés souhaitent avoir la possibilité de revendiquer et de s'exprimer dans la société civile, sur la base d'un universalisme implicite (mouvements sociaux, organisations volontaires, syndicats, etc.).

Les particularités qui servent de toile de fond au rapport entre «communauté sociétale» et autres communautés au Québec s'expliquent sans doute par la différence de «nature du projet d'un pays au Québec et au Canada» (Laforest et Phillips, 2001: 66): le gouvernement du Québec a tenté de diriger les organismes communautaires vers un projet de société nationale, tout comme le Canada des années 1940 aux années 1980. La redécouverte de l'importance des organismes bénévoles à la fin des années 1990 au niveau fédéral s'est effectuée non plus sous le concept de citoyenneté mais sous celui de capital social (Putnam, 1996): «Dans cette perspective, c'est la participation des individus à l'action bénévole qui compte, et non celle des organismes bénévoles à la société civile et au processus de gouvernance.» (*ibid.*: 67) Au contraire, le Québec est allé plus loin dans la reconnaissance des infrastructures nécessaires à la vitalité d'un secteur communautaire autonome, notamment au niveau du financement, alors qu'elle est restée plutôt «symbolique» dans le discours au Canada anglais: l'action sociale et la défense des droits collectifs sont devenues parties intégrantes de la gouvernance au Québec, conférant aux organismes un véritable rôle d'acteurs politiques, une légitimité qui n'est pas reconnue par le gouvernement fédéral.

Certes, la dimension «sociétale» se manifeste comme problématique au Québec, et pour cause. La nécessité de «faire nation» qui est revendiquée par une part importante de la population et selon les élections par les membres du gouvernement s'articule à une volonté farouche d'encourager les signes de «pluralisme» (social, culturel, ethnique, moral) qui définiraient l'ouverture et la richesse du «cadre commun» offert aux diverses collectivités. Pour autant, les «multiples regroupements qui habitent la société civile ne sont pas spontanément démocratiques» (Thériault, 1996: 148), et c'est bien pour cette raison qu'ils doivent être plongés dans un espace public pluraliste: «Pour que le retour vers les régions et le communautaire élargisse l'autonomie de la société civile, il faut que la région et la communauté soient ébranlées par le doute démocratique» (*ibid.*: 150), et non pas que ce retour se réalise sous le signe de l'antipolitique (culturaliste, localiste ou communautariste). Mais, par ailleurs, l'identification de la société comme une communauté sociétale, comme une «grande communauté» a ramené, sous couvert de retissage du lien social, une «injonction à la participation» qui fait de la société civile (tant locale qu'organisationnelle) et non plus de l'État l'agent privilégié du maintien ou de la restauration de la cohésion sociale (Bernard, 1999). La conséquence pernicieuse de cette évolution se dévoile à travers une attention soutenue envers les associations, les communautés d'intérêts ou d'enjeux, les sentiments de confiance (Putnam, 1996)[1]

---

1. Dans ce texte, Putnam associe (pour en faire une dynamique sociale d'envergure aux dimensions multiples sans cause première véritable, hormis... le travail des femmes et la télévision!) déclin de la confiance, déclin de l'engagement communautaire, déclin du civisme et déclin du capital social.

au détriment des conditions sociologiques de participation, des effets réels de certaines communautarisations (lobbies, ghettos, xénophobie): «Cette "démocratisation" de la vie locale signifie une responsabilisation des "exclus" eux-mêmes à l'égard de la gestion de la pauvreté et de la marginalisation sociale.» (Helly, 1999: 37)

# CONCLUSION

Au terme de ce parcours, les quatre « idéaux-types » mis en évidence par l'étude monographique permettent semble-t-il de dessiner plus précisément les contours de cette « métaphore » qu'incarne la communauté dans les discours de l'État, tant au niveau de ses significations variées, de son impact comme idéal dans les mobilisations sociales ou de son instrumentalisation comme modèle dans les argumentations politiques. La remarquable polysémie de cet « idéologème » implique une malléabilité socio-politique extrême, apte à être recyclée dans une hétérogénéité d'usages les plus divers. Mais, l'intensité de l'emploi de la notion au moins sur un plan discursif montre également son importance dans l'imaginaire social de l'univers culturel québécois : point d'orientation, de consultation, d'évaluation des politiques publiques – du moins dans le domaine de la santé et des services sociaux qui nous concernait plus directement – sans une mise en rapport à la « communauté », soit comme milieu de vie concomitamment sujet et objet de sa transformation, soit comme organisme représentatif et avant-gardiste, soit comme caractéristique assez partagée pour symboliser une problématique socio-politique fondamentale, soit enfin comme définissant un vivre-ensemble plus sociétal, susceptible d'une « montée en généralité » (pour parler comme Boltanski et Thévenot) jusqu'à la légitimité « nationale » du bien commun.

À partir de la Révolution tranquille et de l'irruption d'un État-Providence cohérent et interventionniste, la présence « communautaire » ne s'est pas défaite comme on pouvait s'y attendre ou le craindre, mais s'est plutôt recomposée, passant de l'infrastructure religieuse aux « avant-gardes » de soutien et de service. Ces « nouvelles solidarités » connurent même une prolifération sans précédent, notamment au niveau des financements accordés. La promotion « postmoderne » de l'individualisme (sous couvert d'authenticité, d'autonomie et de choix personnel) produisit une valorisation inédite des réseaux de socialité dits alternatifs. La crise du secteur public depuis les années 1980 eut pour conséquence l'interpellation de nouvelles valeurs : civisme, bénévolat, responsabilisation[1]. Les aires de déploiement de ce bénévolat apparaissent disparates, mais leur définition comme absence de compensation monétaire et de contrainte

---

1. Une responsabilisation croissante de l'entourage, des habitudes et des comportements individuels, qui pour certains auteurs ressemble de plus en plus à un « mouvement de privatisation » (Lamoureux et Lesemann, 1987 : 197) qui atténue la socialisation des risques et les charges propres à l'État-Providence. Les ressources communautaires deviennent un « réseau de survie », et le bénévolat finit lui aussi par s'inscrire inéluctablement dans une logique de services et de sous-traitance.

extérieure repose sur une relation directe donateur/bénéficiaire, passant avant tout par un «don de temps». Sans dire que ces deux mouvements procèdent véritablement d'une même logique, il est possible de souligner les convergences pratiques entre néolibéralisme et bénévolat communautaire: décentralisation, apolitisme, autonomie du social contre le politique et anti-étatisme. Au-delà de l'apparente contradiction entre égoïsme libéral et altruisme communautaire, on note une compatibilité émergente: l'État met en valeur le local afin de sauver la paix sociale et rejoint le désir communautaire de constituer des solidarités parallèles. Le «virage communautaire du secteur public», sous couvert de concertation et de partenariat, permet la sous-traitance tout en évitant la diabolisation de son action[2].

Cette orientation globale du «recours à la communauté» rejoint le «retour de l'acteur» en particularisant les revendications, et ce, grâce à un fractionnement des thématiques d'intervention. Une importante dimension «morale» sous-tend cette évolution, à travers la quête de sens pour soi, l'injonction morale à la vertu, l'accomplissement de soi par le service à autrui. «L'humanisation des services» passe par la compassion chaleureuse (contre les pratiques froides et impersonnelles des institutions), la confiance interpersonnelle et intimiste, un idéal de transparence et de proximité. On peut émettre l'hypothèse que l'émergence de la «communauté» comme microgroupe localisé de relations interpersonnelles devient explicite et irréversible au moment même où le rêve moderne de «grande communauté» politico-sociale entre dans une longue interrogation sur soi. Non pas que ce «rêve» disparaisse totalement, bien au contraire: car se voulant synonyme de «bien commun» et de «valeurs partagées», la «communauté englobante» – le plus souvent sous les traits de l'État – persiste dans un rôle prépondérant de gestion et d'articulation des différences.

---

2. Sous les modalités les plus diverses, ces critiques sont présentées, justifiées et explorées par exemple chez Lamoureux et Lesemann (1987), Godbout et autres (1987), White (1994), Larochelle (1998), Saillant (2000), Saillant et Gagnon (2000), Vibert (2004b) et (2005). Pour Lamoureux et Lesemann, qui parmi les premiers ont identifié les questions-clés, la réactivation de la société civile comporte des points positifs (décentralisation, humanisation, constitution de groupes de pression) mais aussi nombre de dangers (responsabilisation individuelle et familiale notamment des femmes, reprivatisation des risques et des charges). L'approche communautaire se veut un «pluralisme participatoire» (1987: 60), donnant une place nouvelle aux milieux, réseaux familiaux, voisinages, quartiers, groupes d'entraide (afin de remplacer les professionnels) et revalorisant la relation personnelle (non bureaucratique) censée donner aux individus et groupes un meilleur contrôle de leur vie. Pourtant, il y a là une *idéalisation* de la prise en charge par le milieu, la sous-estimation du risque de palliatif bon marché aux ressources professionnelles, l'oubli des causes structurelles des rapports inégalitaires, la potentialité conservatrice du recours aux soutiens primaires, un danger de féminisation abusive du soutien social, etc. Selon les auteurs, cette orientation globale ouvre sur deux possibilités contradictoires: une «reconquête de la société civile» et un élargissement démocratique ou au contraire une nouvelle emprise du mode de gestion technocratique de la société (autrement dit, soit un développement de politiques sociales par reconnaissance des spécificités et potentialités des réseaux communautaires, soit la légitimation d'une politique socio-économique duale).

Face à un appareil dont ils critiquent autant l'impuissance (quand il s'agit de réformer) que l'intrusion (quand il entend réglementer), les acteurs les plus dynamiques de la société civile se réagglutinent par grumeaux autour de réseaux particuliers et de solidarités diversifiées, alimentant une réappropriation subjective de la quotidienneté à mesure que s'efface l'emprise sur le long terme, se fondant sur le pluralisme du sens et de l'action alors même que devient hégémonique un humanisme compassionnel apolitique et individualisé. L'évolution ne peut être simplement jugée sur une échelle binaire du positif et du négatif, mais suppose un réaménagement global de la représentation des rapports entre société globale, milieu d'appartenance et identité subjective dans les démocraties représentatives. Plutôt qu'une remise en cause du processus moderne, il semble bien que l'on ait affaire à un approfondissement du principe d'individualisation qui spécifie ce mouvement global, qui favorise un élargissement des potentialités d'émancipation et des ressources au niveau de l'expérience individuelle et locale (notamment par l'intermédiaire de droits subjectifs toujours plus affirmés et des activités communautaires) tout en affaiblissant certainement les capacités d'auto-gouvernement collectif et de détermination socio-politique (Gauchet, 1998 ; Beauchemin, 2004), ce niveau réclamant toujours le renoncement à une partie de son « identité » personnelle au profit du commun et du partagé, et ce, même si ce « monde commun » relève d'une construction symbolique et imaginaire.

## L'OPPOSITION ORGANISMES/IDENTITÉS COMMUNAUTAIRES VS COMMUNAUTÉS LOCALES/GLOBALES : L'EXEMPLE PARADIGMATIQUE DE LA DÉSINSTITUTIONNALISATION

Notre étude montre que se dessine – à partir des quatre ensembles de significations primitivement élaborés à la suite de l'analyse monographique – une opposition dialectique entre, d'une part, les problématiques « minoritaires » socialement issues d'une catégorisation identitaire et politiquement rendues visibles par le militantisme associatif et, d'autre part, une perception jugée « majoritaire » qui conjoint la participation au niveau local et la « culture majoritaire » plus ou moins relayée par l'action publique. Le terme « communauté » fait évidemment référence plus directement pour définir les « minorités culturelles » venues de l'immigration, alors qu'il ne délimite qu'indirectement (mais de plus en plus expressément) les groupes dont l'appartenance est ressentie comme un fardeau social plus qu'une fierté, les personnes présentant des déficiences intellectuelles et les personnes âgées. Mais un point commun rassemble ces trois groupes : c'est bien à travers leur représentation par des « organismes communautaires » qu'ils

adviennent à l'existence en tant que «population vulnérable», soit comme
«catégorie» sociale (pour les personnes âgées et en santé mentale), soit
comme «communauté» (pour les minorités culturelles). Le terme «communauté» sert toujours à relier une visibilité politico-sociale (le groupe
militant, l'association de services) à un sentiment d'appartenance diffus et
encore dans une certaine mesure «inconscient» (les personnes présentant
des problèmes, des intérêts, des volontés, des origines semblables ou proches, bref ayant une potentialité à «faire communauté»). En général, ce
binôme fait donc face à une autre binôme «local-global[3]» («glocal» comme
certains anthropologues de la mondialisation ont osé le proposer dans un
autre contexte), qui sous-entend que la communauté locale (le quartier, la
paroisse, la ville) incarne la communauté globale (la société québécoise),
c'est-à-dire que les rapports interpersonnels, quasiment de face-à-face,
relaient les valeurs et représentations de la société dans son ensemble, y
compris sur le plan politique (c'est l'État qui joue un rôle analogue pour
la société dans son ensemble que l'organisme communautaire pour la population qu'il représente). D'où la double caractérisation de cet ensemble
«communautaire» local-global: d'une part, positif comme environnement
nécessaire, source de reconnaissance et d'intégration, milieu ouvert à la
subjectivation et à l'autonomisation des personnes; d'autre part, négatif
comme source de préjugés et de discrimination, comme obstacle aux valeurs d'accueil et de tolérance, d'entraide et de solidarité promues par les
organismes communautaires.

Cette ambiguïté constitutive se traduit le plus nettement dans bon
nombre de documents concernant les personnes en processus de désinstitutionnalisation, prenant l'apparence d'une donnée permanente pesant sur
les politiques de «retour dans la communauté», comme «lieu de vie et de
référence de ces personnes»: «En rupture avec la société et objets dans un
système de services conçu malgré tout pour agir selon le bien du malade,
les personnes se retrouvent face à un mur dressé entre elles et les communautés d'où elles sont issues, entre elles et les intervenants habilités à leur
venir en aide et entre elles et les institutions qui les accueillent.» (Comité
de la politique de santé mentale, 1987: 11) La volonté de définir un «partenariat élargi» rend bien compte de cette tension inhérente, y compris
dans le vocabulaire employé: «On pourrait discourir longuement, dans
un document de politique en santé mentale, sur la signification qu'a prise
le mot communautaire. Bien des définitions peuvent être avancées traduisant autant la richesse des réalités qu'il peut recouvrir que les limites qui

---

3. Ce que la plupart des analystes «communautariens» traduisent par une opposition
globale société civile/État, valorisant le premier terme au détriment du second et oubliant
que la face obscure du «communautaire» local ou identitaire (ghetto, intolérance, racisme) se trouve
parfois justement plus exprimée par les membres individuels ou collectifs de la «société civile»
que par les structures institutionnelles (dont certaines dispositions – lois, règlements, décisions
– contribuent plutôt à défendre les citoyens les plus faibles).

lui sont sous-jacentes. Nous sommes en présence d'une réalité multiforme où la conception même de la santé mentale varie considérablement selon les lieux, les cultures, les liens d'appartenance, les formes de solidarité.» (ibid.: 15)

La question de la communauté renvoie constamment à la mise en relation de trois aspects différents: (i) l'approfondissement de la modernité politique et économique, à travers l'individualisme croissant et le critère prédominant de la performance, qui imposent de poser la question «Pourquoi dédier du temps à une personne d'un autre univers, inspirant de plus crainte et hostilité, voire une tentation de rejet?», (ii) l'existence d'un système d'intervention qui accentue le transfert de responsabilité vers les institutions du réseau des services publics d'État, et (iii) les relations du système d'intervention avec les communautés, à l'origine d'une multitude d'initiatives se présentant comme en marge du système (entraide, terrains supplétifs, fonctions nouvelles). La communauté «doit être associée à cette démarche dans un esprit de responsabilité collective. Un accueil favorable de la population représente un atout majeur à l'intégration sociale des personnes présentant des déficiences intellectuelles.» (Gouvernement du Québec, 1988b: 44) L'insistance sur la nécessité d'un accueil favorable, et sur les moyens de parvenir à cette situation (sensibilisation, publicité, etc.) démontre explicitement, d'une manière très prononcée, l'extraordinaire polysémie, source de moult confusions, de la «communauté» et de l'imaginaire qu'elle porte avec elle. Elle exprime à la fois ici, tour à tour, mais sous le même vocable: la collectivité de quartier réticente à l'accueil des personnes désinstitutionnalisées, le milieu «moral» nécessaire et essentiel à leur intégration et participation sociale, le militantisme qui peut mobiliser les pouvoirs publics autour de cet enjeu et enfin la «société» dans son appréhension globale, comme «communauté de sens» appelée à se responsabiliser pour améliorer le sort des personnes sorties des institutions publiques. Parfois, ces connotations différentes se trouvent largement confondues, ce qui évite de préciser la difficulté du schème élaboré: la «communauté» des personnes désinstitutionnalisées s'avère en réalité un «lieu vide», possiblement rempli par: la famille, les amis, le quartier, les «valeurs» d'entraide ou de solidarité, un groupe communautaire, la «société» dans son ensemble. Aussi: «Une des façons privilégiées d'assurer la meilleure réponse possible aux besoins des personnes qui demandent des services réside dans un rapprochement des milieux naturels de vie. Or, on remarque au sein des communautés des résistances manifestes. Par ailleurs, les établissements obéissent à une logique interne qui ne tient pas toujours compte du dynamisme communautaire. Certes, l'approche communautaire a favorisé une meilleure compréhension des liens entre la personne et la communauté. On a cependant mis en évidence les possibilités que cette approche offrait sans assez insister sur les limites imposées par les communautés elles-mêmes. Encore maintenant, la population québécoise connaît mal les problèmes de santé mentale. Elle demeure réticente à faire appel aux services spécialisés. Elle est peu optimiste quant à l'efficacité des interventions. Les ressources communautaires sont aujourd'hui l'objet d'une reconnaissance mitigée. Elles sont souvent absentes des diverses instances. On ne leur assure pas un soutien à la mesure de leur contribution et des possibilités qu'elles offrent. Pourtant, le dynamisme communautaire assure la constante et nécessaire remise en question des pratiques et des modes d'organisation des services.» (Gouvernement du Québec, 1989 : 14-15)

## LA PRÉPONDÉRANCE POLITIQUE DE L'ORGANISME COMMUNAUTAIRE COMME CONJONCTION DES VALEURS INTERPERSONNELLES DU «LOCAL» ET DES OBJECTIFS POLITIQUES DE L'IDENTITAIRE

L'organisme communautaire incarne pour l'ensemble des documents publics la réalité tangible de la «communauté», par sa qualité d'interlocuteur ou d'opposant certes, mais surtout parce qu'il rend «réelle» la communauté locale ou identitaire imaginée et l'unifie dans la pluralité de ses motivations et de ses objectifs. L'organisme agit ni plus ni moins comme cette sphère sociale privilégiée par son ambition de conjoindre et d'englober les deux niveaux qui constituent son fondement : être à la fois un «milieu de vie», défini par l'interpersonnalité, l'empathie, la connaissance concrète (sur le modèle du «milieu naturel» primaire, familial, affectif et local, comme assurant la «sécurité ontologique» de l'individu) et une «minorité agissante», légitimée par la représentation publique d'une «identité» subissant des discriminations socio-politico-économiques. Cette aspiration des organismes sous-tend l'expression de valeurs (autonomie vs exclusion, responsabilité vs discrimination) qui caractérisent «l'appel à la communauté» dans les politiques publiques, influençant par là même la consistance et la représentation de la «communauté», et instituant un lien problématique entre l'organisation communautaire (comme milieu de vie et minorité agissante) et la «communauté englobante» (la société, l'État), dont la perception est concurremment et concomitamment valorisée (comme «centre» à intégrer) et dépréciée (comme «majorité», vecteur de discrimination et d'exclusion).

Le rapport société/communauté dans la «vision communautaire» classique s'institue donc comme suit :

société = discrimination (préjugés négatifs) + exclusion (conditions socio-économiques)

communauté = pluralisme (se réapproprier la construction de soi, donc choix collectif ou individuel) + vulnérabilité (rétablir une possibilité d'accès aux ressources sociales).

D'où le paradoxe essentiel : les «communautés vulnérables» subissent la violence symbolique et matérielle des dominants mais s'appuient sur la «réappropriation» d'une «culture» discriminée. Il s'agit de concilier l'égalité (dans sa capacité d'autodétermination et d'accès aux ressources sociétales) et la différence (dans l'incarnation d'une problématique minoritaire particulière : locale, identitaire ou «expressive»).

Pointe ainsi une mise en rapport (en concurrence ?) de deux visions du «communautaire», pas toujours conciliables : le bloc «local-global» renvoie le communautaire à l'activité locale comme facteur d'intégration aux normes de la société d'accueil, alors que le bloc «associatif-identitaire» accrédite la nécessité du travail des organismes communautaires comme représentant la communauté «culturelle» minoritaire et discriminée. C'est un statut double, donc équivoque et souvent paradoxal, de la «communauté» qui s'impose au tournant des années 1990, à partir d'une analyse qui se veut descriptive, mais s'avère fortement normative. La «communauté» se présente *à la fois* comme : recours pour la personne en tant que «milieu naturel de vie», porteur de services, de valeurs d'entraide et d'une dimension de reconnaissance par participation à un «monde commun» (par une coïncidence entre milieu local et organisation communautaire) / milieu source de difficultés et de conflits pour la personne, vecteur d'intolérance, d'incompréhension et de stigmatisation, susceptible d'évoluer seulement à travers un travail soutenu de formation et d'éducation (selon un travail de «sensibilisation»; coïncidence du milieu local et de la société discriminante).

Selon la vue «sociologique» que nous avons cernée et qui se tisse à travers la conjonction des deux axes identifiés, la «communauté» représente pour ses défenseurs les valeurs d'intégration et de participation qui seules permettent l'autonomie et la responsabilisation des personnes. L'aidant naturel et les ressources communautaires tirent de leur appartenance au même environnement ou à la même culture que la personne une compétence différente de celle de professionnels, mais présumée tout aussi importante. On touche ici au nœud de la question : les personnes catégorisées comme «vulnérables», les gens qui les entourent et les organismes d'entraide et de services sont censés faire partie du «même monde» (la «communauté», qui reprend les trois premiers sens de milieu de vie, association et problématique identitaire), alors que les «professionnels» se situent dans un autre espace de légitimité : l'État et l'intervention publique.

Pourtant l'État, du moins dans le parcours de la modernité, s'avère indispensable en tant que moyen d'action de la communauté politique sur elle-même au nom des valeurs qui lui servent de principes fondamentaux : un lieu primordial de totalisation, visant une articulation publique des expressions collectives et des intérêts particuliers, toujours provisoire certes, mais qui puisse réfracter à chaque moment donné le «bien commun» comme idéal régulateur de toute société démocratique.

# Bibliographie

## I. DOCUMENTS OFFICIELS

### I.I Documents généraux

1) Commission d'enquête sur la santé et le bien-être social (1972) (Commission Castonguay-Nepveu), *Les services sociaux*, vol. VI (tomes 1 et 2), Les Publications du Québec.

2) Gouvernement du Canada (1975), ministère de la Santé nationale et du Bien-Être social, *Nouvelle perspective de la santé des Canadiens*, (Rapport Lalonde), Ottawa.

3) Gouvernement du Québec (1988), *Rapport de la commission d'enquête sur les services de santé et les services sociaux* (Commission Rochon), Québec, Publications du Québec.

4) Gouvernement du Québec (1990), mnistère de la Santé et des Services sociaux, *Une réforme axée sur le citoyen*, Québec.

5) Gouvernement du Québec (1992), ministère de la Santé et des Services sociaux, *La politique de la santé et du bien-être*, Québec.

6) Comité d'orientation et de concertation sur l'économie sociale (1996) (Rapport), *Entre l'espoir et le doute*, Québec.

7) Gouvernement du Québec (1997), ministère de la Santé et des Services sociaux, *Priorités nationales de santé publique 1997-2002*, Québec.

8) Commission d'étude sur les services de santé et les services sociaux (2000) (Rapport Clair), *Les solutions émergentes*, Québec.

### I.2 Documents spécifiques

#### I.2.I Santé mentale et déficience intellectuelle

9) Document de consultation sur les éléments d'une politique de santé mentale (1985), *L'intervention en santé mentale: du modèle institutionnel vers le modèle écologique*, Québec.

10) Comité de la politique de santé mentale (1987), *Pour un partenariat élargi – Projet de politique de santé mentale pour le Québec*, Québec.

11) Gouvernement du Québec (1988b), *L'intégration des personnes présentant une déficience intellectuelle : un impératif humain et social*, Québec.

12) Gouvernement du Québec (1989), ministère de la Santé et des Services sociaux, *Politique de santé mentale*, Québec.

13) Gouvernement du Québec (1997b), ministère de la Santé et des Services sociaux, *Orientations pour la transformation des services de santé mentale*, Québec.

14) Gouvernement du Québec (2001), ministère de la Santé et des Services sociaux, *De l'intégration sociale à la participation sociale (politique de soutien aux personnes présentant une déficience intellectuelle, à leurs familles et aux autres proches)*, Québec.

## 1.2.2 Communautés culturelles

15) Gouvernement du Québec (1981), *Autant de façons d'être Québécois – Plan d'action du gouvernement à l'intention des communautés culturelles*, Québec.

16) Conseil des communautés culturelles et de l'immigration du Québec (1987), *Tous en harmonie et en bonne santé*, (Consultation du Conseil des communautés culturelles et de l'immigration du Québec sur l'accessibilité des services sociaux et de santé aux communautés culturelles), Québec.

17) Comité sur l'accessibilité des services de santé et des services sociaux du réseau aux communautés culturelles (1987) (Rapport Sirros), *Les communautés culturelles, les services de santé et les services sociaux : pour une accessibilité multiculturelle*, Québec.

18) Conseil des communautés culturelles et de l'immigration du Québec (1990), *Accessibilité des membres des communautés culturelles aux services de santé et aux services sociaux*, Québec.

19) Gouvernement du Québec (1990b), ministère des Communautés culturelles et de l'Immigration, *Au Québec pour bâtir ensemble – Énoncé politique en matière d'immigration et d'intégration*, Québec.

20) Conseil des communautés culturelles et de l'immigration du Québec (1991), *L'immigration, les communautés culturelles et l'avenir du Québec*, Québec.

21) Gouvernement du Québec (1992b), *La politique culturelle du Québec – Notre culture, notre avenir*, Québec.

22) Gouvernement du Québec (1994), ministère de la Santé et des Services sociaux, *Accessibilité des services aux communautés ethnoculturelles : orientations et plan d'action 1994-1997*, Québec.

23) Conseil des relations interculturelles (1997), *Un Québec pour tous ses citoyens – Les défis actuels d'une démocratie pluraliste*, Québec.

### 1.2.3 Personnes âgées

24) Gouvernement du Québec (1980), *Pour mieux répondre aux besoins de nos aînés – Les jalons d'une politique québécoise de sécurité du revenu des personnes âgées*, Québec.

25) Gouvernement du Québec (1985), *Un nouvel âge à partager (politique du ministère des Affaires sociales à l'égard des personnes âgées)*, Québec.

26) Gouvernement du Québec (1991), *Vers un nouvel équilibre des âges*, ministère de la Santé et des Services sociaux (Rapport du groupe d'experts sur les personnes âgées), Québec.

27) Conseil de la santé et du bien-être (2001), *Avis – Vieillir dans la dignité*, Québec.

28) Gouvernement du Québec (2002), *Un Québec pour tous les âges*, Québec.

## 2. RÉFÉRENCES BIBLIOGRAPHIQUES

ALEXANDER, Jeffrey C. (1998), « Civil society I, II, III : constructing an empirical concept from normative controversies and historical transformations », *Real civil societies – Dilemmas of institutionalization*, London, Sage, p. 1-20.

ANTHROPOLOGIE ET SOCIÉTÉS (2004), *La (dé)politisation de la culture ?*, vol. 28, n° 1.

ARENSBERG, Conrad M. (1961), « The community as object and as sample », *American Anthropologist*, vol. LXIII, n° 2, p. 241-264.

BAUMAN, Zygmunt (2001), « Identité et mondialisation », *Lignes*, n° 6 (N.S.), p. 10-27.

BEAUCHEMIN, Jacques (2004), *La société des identités*, Outremont, Athéna.

BERNARD, Paul (1999), « La cohésion sociale : critique dialectique d'un quasi-concept », *Lien social et Politiques – RIAC*, n° 41, p. 47-59.

BOLTANSKI, Luc et Laurent THÉVENOT (1991), *De la justification – Les économies de la grandeur*, Paris, Gallimard.

BOURQUE, Gilles et Jules DUCHASTEL (2000), « Multiculturalisme, pluralisme et communauté politique : le Canada et le Québec », dans Mikhaël Elbaz et Denise Helly (dir.), *Mondialisation, citoyenneté et multiculturalisme*, Québec, P.U.L.–L'Harmattan, p. 147-169.

CAILLOUETTE, Jacques (2001), « Pratiques de partenariat, pratiques d'articulation identitaire et mouvement communautaire », *Nouvelles pratiques sociales*, vol. 14, n° 1, p. 81-96.

CHARBONNEAU, Johanne (1998), « Lien social et communauté locale : quelques questions préalables », *Lien social et Politiques – RIAC*, n° 39, p. 115-126.

CLÉMENT, Michèle et Nadine BOLDUC (2004), «Regards croisés sur la vulnéra-
bilité: le politique, le scientifique et l'identitaire», dans Francine Saillant,
Michèle Clément et Charles Gaucher (dir.), *Vulnérabilité, identité, communauté,*
Québec, Nota Bene, p. 61-82.

CUCHE, Denys (1996), *La notion de culture dans les sciences sociales,* Paris, La Dé-
couverte.

DESCOMBES, Vincent (1999), «Louis Dumont ou les outils de la tolérance»,
*Esprit,* n° 253, p. 65-85.

DITCHEV, Ivaylo (2001), «De l'appartenance vers l'identité. La culturalisation de
soi», *Lignes,* n° 6 (N.S.), p. 113-125.

DUMONT, Louis (1983), *Essais sur l'individualisme – Une perspective anthropologique
sur l'idéologie moderne,* Paris, Seuil.

ELIAS, Norbert et John SCOTSON (1997), *Logiques de l'exclusion,* Paris, Fayard.

ESPOSITO, Roberto (2000), *Communitas – Origine et destin de la communauté,* Paris,
P.U.F.

FAVREAU, Louis (1998), «Du local au global: enjeux et défis des nouvelles initiatives de développement local et d'économie sociale», *Économie et solidarités,*
vol. 29, n° 2, p. 1-13.

FORTIN, Andrée (1994), «Les organismes et groupes communautaires», dans
Vincent Lemieux et autres (dir.), *Le système de santé au Québec: organisations,
acteurs et enjeux,* Québec, P.U.L., p. 163-186.

GAUCHET, Marcel (1998), *Parcours de la laïcité – La religion dans la démocratie,*
Paris, Gallimard.

GAY, Daniel (1996), «La politique actuelle de la convergence culturelle de l'État
québécois, de 1990 à nos jours», dans Khadiyatoulah Fall et autres (éd.), *Les
convergences culturelles dans les sociétés pluriethniques,* Québec, P.U.Q., p. 115-
129.

GIDDENS, Anthony (1998), *The third way – The renewal of Social-Democracy,*
Cambridge, Polity Press.

GIROUX, Guy (2001), «La société civile face au désengagement de l'État», dans
*L'État, la société civile et l'économie,* Québec, P.U.L., p. 77-103.

GODBOUT, Jacques T. (1983), *La participation contre la démocratie,* Montréal, Saint-
Martin.

GODBOUT, Jacques T., Murielle LEDUC et Jean-Pierre COLLIN (1987), *La face
cachée du système,* Québec, Les Publications du Québec.

GODBOUT, Jacques T. et Alain CAILLÉ (1992), *L'esprit du don,* Paris, La Décou-
verte.

GODBOUT, Jacques T. (2000), *Le don, la dette et l'identité – Homo donator vs homo
œconomicus,* Montréal, La Découverte-Boréal.

HELLY, Denise (1999), «Une injonction: appartenir et participer. Le retour de la
cohérence sociale et du bon citoyen», *Lien social et politique – RIAC,* n° 41,
p. 35-46.

HERPIN, Nicolas (1973), *Les sociologues américains et le siècle*, Paris, P.U.F.

HONNETH, Alex (1996), «Communauté», dans Monique Canto-Sperber (dir.), *Dictionnaire d'éthique et de philosophie morale*, Paris, P.U.F., p. 270-274.

HURTUBISE, Yves et Jean-Pierre DESLAURIERS (1997), «La nouvelle donne de l'organisation communautaire: réponse aux contraintes imposées à la pratique par le néolibéralisme, le postmodernisme et la crise des finances publiques», *Intervention*, n° 104, p. 16-25.

JENSON, Jane (2000), «La modernité pluraliste du Québec. De la nation à la citoyenneté», dans Michel Venne (dir.), *Penser la nation québécoise*, Montréal, Québec Amérique, p. 189-197.

JUTEAU, Danielle (2000), «Le défi de l'option pluraliste», dans Michel Venne (dir.), *Penser la nation québécoise*, Montréal, Québec Amérique, p. 199-214.

KARMIS, Dimitrios (2003), «Pluralisme et identité(s) nationale(s) dans le Québec contemporain: clarifications conceptuelles, typologie et analyse du discours», dans Alain G. Gagnon, *Québec: État et société*, t. 2, Montréal, Québec Amérique, p. 85-116.

KYMLICKA, Will (2000), «Les droits des minorités et le multiculturalisme», dans Will Kymlicka et Sylvie Mesure (dir.), *Comprendre les identités culturelles*, n° 1, Paris, P.U.F., p. 142-171.

LAFOREST, Rachel et Susan PHILLIPS (2001), «Repenser les relations entre gouvernement et secteur bénévole: à la croisée des chemins au Québec et au Canada», *Politique et sociétés*, vol. 20, n° 2-3, p. 37-69.

LAMOUREUX, Henri (2002), «Le danger d'un détournement de sens. Portée et limites du bénévolat», *Nouvelles pratiques sociales*, vol. 15, n° 2, p. 77-86.

LAMOUREUX, Jocelyne et Frédéric LESEMANN (1987), *Les filières d'action sociale (les rapports entre les services sociaux publics et les pratiques communautaires)*, Québec, Les Publications du Québec.

LARA, Philippe de (1996), «Communauté et communautarisme», dans Philippe Raynaud et Stéphane Rials (éd.), *Dictionnaire de philosophie politique*, Paris, P.U.F., p. 96-101.

LAROCHELLE, Gilbert (1998), *La communauté comme figure de l'État – Introduction à l'analyse d'une conjoncture*, Chicoutimi, J.C.L.

LEBLANC, Marc et Hélène BEAUMONT (1987), *La réadaptation dans la communauté au Québec: inventaire des programmes*, Québec, Les Publications du Québec.

MESURE, Sylvie et Alain RENAUT (1999), *Alter Ego – Les paradoxes de l'identité démocratique*, Paris, Aubier.

MORVAN, Alexia (2000), «Les ambivalences du recours au milieu associatif», *Esprit* n° 264, p. 146-153.

NANCY, Jean-Luc (1986), *La communauté désœuvrée*, Paris, Christian Bourgois.

NANCY, Jean-Luc (2000), «Conloquium», dans Roberto Esposito, *Communitas – Origine et destin de la communauté*, Paris, P.U.F., p. 3-10.

NÉLISSE, Claude, Anne HERSCOVICI et Madeleine MOULIN (1994), « Les formes de l'informel », *Lien social et Politiques – RIAC*, n° 32, Montréal, p. 5-16.

NÉLISSE, Claude (1994), « La croisée du formel et de l'informel : entre l'État et les partenariats », *Lien social et Politiques – RIAC*, n° 32, p. 179-188.

NISBET, Robert (1984), *La tradition sociologique*, Paris, P.U.F.

PIETRANTONIO, Linda, Danielle JUTEAU et Marie McANDREW (1996), « Multiculturalisme ou intégration : un faux débat », dans Khadiyatoulah Fall et autres (éd.), *Les convergences culturelles dans les sociétés pluriethniques*, Québec, P.U.Q., p. 147-158.

PUTNAM, Robert (1996), « La société civile en déclin : pourquoi ? Et après ? », Ottawa, Centre canadien de gestion (repris dans : « Le déclin du capital social aux États-Unis », *Lien social et Politiques – RIAC*, n° 41, 1999, p. 13-21).

QUILLET, Jeannine (1993), « Communauté, conseil et représentation », dans James H. Burns (dir.), *Histoire de la pensée politique médiévale*, Paris, P.U.F., p. 492-539.

RAULET, Gérard et Jean-Marie VAYSSE (1995), *Communauté et modernité*, Paris, L'Harmattan.

RAYNAUD, Philippe (1987), *Max Weber ou les dilemmes de la raison moderne*, Paris, P.U.F.

SAILLANT, Francine (2000), « Identité, invisibilité sociale, altérité – expérience et théorie anthropologique au cœur des pratiques soignantes », *Anthropologie et Sociétés*, vol. 24, n° 1, p. 155-171.

SAILLANT, Francine (2004), « Constructivismes, identités flexibles et communautés vulnérables », dans Francine Saillant, Michèle Clément et Charles Gaucher (dir.), *Vulnérabilité, identité, communauté*, Québec, Nota Bene, p. 19-42.

SAILLANT, Francine et Éric GAGNON (2000), « Soins, lien social et responsabilité », *Anthropologica*, XLII, p. 217-230.

THÉRIAULT, Joseph-Yvon (1996), « De la critique de l'État-providence à la reviviscence de la société civile : le point de vue démocratique », dans Sylvie Paquerot (dir.), *L'État aux orties ?* Montréal, Écosociété, p. 141-150.

TÖNNIES, Ferdinand (1977), *Communauté et société*, Paris, Retz C.E.P.L.

VAILLANCOURT, Yves et Benoît LÉVESQUE (1996), « Économie sociale et reconfiguration de l'État-providence », *Nouvelles pratiques sociales*, vol. 9, n° 1, p. 1-13.

VAILLANCOURT, Yves (2001), « Économie sociale et pratiques sociales novatrices dans le champ de la santé et du bien-être », *Le Gérontophile*, vol. 23, n° 1, p. 13-22.

VENNE, Michel (2000), *Penser la nation québécoise*, Montréal, Québec Amérique.

VIBERT, Stéphane (2000), « La communauté des modernes – Étude comparative d'une idée-valeur polysémique en Russie et en Occident », *Social Anthropology*, vol. 8, part 3, p. 163-197.

VIBERT, Stéphane (2002), « La démocratie dans un espace post-national ? Holisme, individualisme et modernité politique », *Anthropologie et sociétés*, vol. 26, n° 1, p. 177-194.

VIBERT, Stéphane (2003), « Savoir du changement social, changement du savoir social (éléments pour une compréhension holiste de la connaissance et de l'action ») , dans Charles Gaucher et Yan Sénéchal (dir.), *Les savoirs à l'usage du changement social ?*, Les Cahiers du CELAT, Québec, p. 121-146.

VIBERT, Stéphane (2004a), « La genèse de l'idée de "communauté" comme transcription collective de l'individualisme moderne », dans Francine Saillant, Michèle Clément et Charles Gaucher (dir.), *Vulnérabilité, identité, communauté*, Québec, Nota Bene, p. 43-60.

VIBERT, Stéphane, (2004b), « La communauté est-elle l'espace du don ? De la relation, de la forme et de l'institution sociales– 1ʳᵉ partie », *Revue du M.A.U.S.S. semestrielle*, n° 24, p. 353-374.

VIBERT, Stéphane (2004c), *Louis Dumont – Holisme et modernité*, Paris, Michalon.

VIBERT, Stéphane, (2005), « La communauté est-elle l'espace du don ? De la relation, de la forme et de l'institution sociales– 2ᵉ partie », *Revue du M.A.U.S.S. semestrielle*, n° 25, p. 339-365.

WHITE, Deena (1994), « La gestion communautaire de l'exclusion », *Lien social et Politiques – RIAC*, n° 32, p. 37-52.

WIEVIORKA, Michel (1998), « Le multiculturalisme est-il la réponse ? », *Cahiers internationaux de sociologie*, vol. CV, p. 233-260.

MEMBRE DU GROUPE SCABRINI

Québec, Canada
2007